T0131831

Fit for Future

Reihe herausgegeben von
Peter Buchenau
The Right Way GmbH
Waldbrunn, Deutschland

Die Zukunft wird massive Veränderungen im Arbeits- und Privatleben mit sich bringen. Tendenzen gehen sogar dahin, dass die klassische Teilung zwischen Arbeitszeit und Freizeit nicht mehr gelingen wird. Eine neue Zeit – die sogenannte „Lebenszeit" – beginnt. Laut Bundesregierung werden in den nächsten Jahren viele Berufe einen tiefgreifenden Wandel erleben und in ihrer derzeitigen Form nicht mehr existieren. Im Gegenzug wird es neue Berufe geben, von denen wir heute noch nicht wissen, wie diese aussehen oder welche Tätigkeiten diese beinhalten werden. Betriebsökonomen schildern mögliche Szenarien, dass eine stetig steigende Anzahl an Arbeitsplätzen durch Digitalisierung und Robotisierung gefährdet sind. Die Reihe „Fit for future" beschäftigt sich eingehend mit dieser Thematik und bringt zum Ausdruck, wie wichtig es ist, sich diesen neuen Rahmenbedingungen am Markt anzupassen, flexibel zu sein, seine Kompetenzen zu stärken und „Fit for future" zu werden. Der Initiator der Buchreihe Peter Buchenau lädt hierzu namhafte Experten ein, ihren Erfahrungsschatz auf Papier zu bringen und zu schildern, welche Kompetenzen es brauchen wird, um auch künftig erfolgreich am Markt zu agieren. Ein Buch von der Praxis für die Praxis, von Profis für Profis. Leser und Leserinnen erhalten „einen Blick in die Zukunft" und die Möglichkeit, ihre berufliche Entwicklung rechtzeitig mitzugestalten.

Weitere Bände in der Reihe
https://link.springer.com/bookseries/16161

Sylvia Kern

Future Skill Vielseitigkeit

Sylvia Kern
Bad Aibling, Deutschland

ISSN 2730-6941   ISSN 2730-695X   (electronic)
Fit for Future
ISBN 978-3-658-35518-0   ISBN 978-3-658-35519-7   (eBook)
https://doi.org/10.1007/978-3-658-35519-7

Die Deutsche Nationalbibliothek verzeichnet diese Publikation in der Deutschen Nationalbibliografie; detaillierte bibliografische Daten sind im Internet über http://dnb.d-nb.de abrufbar.

Planung/Lektorat: Nora Valussi
Springer Gabler ist ein Imprint der eingetragenen Gesellschaft Springer Fachmedien Wiesbaden GmbH und ist ein Teil von Springer Nature.
Die Anschrift der Gesellschaft ist: Abraham-Lincoln-Str. 46, 65189 Wiesbaden, Germany

Vorwort

The Future needs – Agile People!
Um in der VUCA Welt auch künftig – nicht zuletzt beruflich – erfolgreich zu sein, sind neue Fähigkeiten erforderlich. Alte Handlungsweisen und Expertisen zeigen keinen Effekt mehr und sind für die Welt, in der wir heute leben, nicht mehr angemessen. Wir benötigen in allem eine flexible Herangehensweise: Ein flexibles Handeln und auch eine flexible Denkweise. Warum? Die Umstände werden immer unvorhersehbarer, was heute „in" ist und funktioniert, ist morgen schon wieder „out". Um in dieser unsicheren Umgebung erfolgreich agieren zu können, müssen wir in der Lage sein, uns flexibel an Situationen anzupassen. Diese Anpassungsfähigkeit schließt ein stetiges Erlernen und Dazulernen mit ein. Dabei ist die Erkenntnis wichtig, sich alles aneignen zu können, sofern der nötige Wille und die Bereitschaft dafür vorhanden sind.

Viele dieser Fähigkeiten sind in bestimmten Persönlichkeiten vereint, in sog. „Scannern", „Multipassionates", „NEO-Generalisten" etc. Diese Persönlichkeitstypen zeichnen sich zum Beispiel durch ein „Growth Mindset" und vielfältige Interessen aus.

Scanner-Persönlichkeiten sind eine Bereicherung für Organisationen. Sie können Vorbildfunktionen einnehmen und sind besonders als „Servant Leader" geeignet. Sie erkennen und heben Potenziale anderer und haben einen kooperativen Führungsstil.

Weitere Vorteile von Scanner-Persönlichkeiten für Unternehmen und Teams sind, dass sie sogenannte Comb-Shaped Professionals sind, Mitarbeiter mit vielfältigen Erfahrungen und Fähigkeiten.

Agile Projekte und agiles Arbeiten leben von der „Selbstorganisation" und den agilen Werten: Commitment, Fokus, Offenheit, Respekt und Mut. Scanner, Multipassionates und Co. leben das WIR und vertreten das agile Mindset und deren Werte und Manifest. Auch die Fähigkeit der Selbstreflexion, Prozesse zu hinterfragen und Fehler nicht als Scheitern zu verstehen, sondern als Entwicklungsprozess, ist eine weitere Gabe dieser besonderen Menschen, die wir als Gesellschaft und auch in Unternehmen adaptieren können.

Hierfür bedarf es jedoch eines Umdenkens, einer veränderten Haltung und modernen Denkweise, sodass Scanner in ihrem Job ihre vielfältigen Fähigkeiten ausleben und gewinnbringend in einem Unternehmen einsetzen können.

Wie das gelingen kann und warum Multipassionates etwas ganz Besonderes sind, dies erfahren Sie in diesem Buch. Sie erfahren, wie Sie sich selbst und Ihr Business auf Erfolgskurs bringen und Ihr Unternehmen fit für die Zukunft machen. Was Sie dazu jedoch brauchen ist Mut, die ausgetretenen Pfade zu verlassen und wirkliche Veränderung zugunsten etwas Neuem zuzulassen. Setzen Sie auf diese Agile Influencer und bauen Sie so Ihr Erfolgsteam für die Zukunft auf – investieren Sie in Vielseitigkeit und Vielbegabung und Sie werden mit Innovationen und Lösungen belohnt.

Sylvia Kern

Inhaltsverzeichnis

Über die Autorin

Sylvia Kern war viele Jahre für diverse Microsoft Partner im IT/ERP-Umfeld als Teamlead, Senior Project Managerin und Managing Consultant tätig. Dann fiel der Entschluss sich selbstständig zu machen. Entscheidend war, dass sie auf diese Weise ihre Vielfältigkeit in verschiedensten Projekten ausleben kann.

Sylvia Kern vereint betriebswirtschaftliches Knowhow mit strategischem, konzeptionellem Wissen und den vielen praktischen Erfahrungen aus dem Projektgeschäft. Zudem ist sie zertifizierte/r Agile Coach, SCRUM Master, Diversity Managerin, Digital Transformation Managerin und Innovationsmanagerin.

Als Unternehmensberaterin, Coach, Autorin & Referentin mit Leib und Seele lebt sie das agile Mindset, setzt auf Wandel und auf ein nachhaltiges Business. Mit VIELFÄLTIGER Erfahrung und Expertise. Ihr roter Faden: Etwas bewegen – sich selbst, Menschen und Unternehmen. Change war gestern: HEUTE IST TRANS-FORMATION©.

Als Hands-On-Troubleshooterin mit Herz und Humor und der „Yes we can-Mentalität" kommt Sylvia Kern schnell zum Punkt und unterstützt Organisationen und Menschen, einen neuen und erfolgreichen Weg zu gehen.

Mit Ihrem Speed-Up-Konzept © setzt Sylvia Kern auf eine moderne, erfolgreiche und vielfältige Transformation, mit Spaßfaktor und dem Touch des etwas besonderem, es soll ein Event sein – Inspiration und Wissen mit Spaß und Eventcharakter zu vereinen. Sei es mit der Keynote „Future Skills(s) Vielseitigkeit" © bewegt und regt Sylvia Kern zur Reflektion an oder mit ihrem Power-Training „Tour de Agile & Digital" ©, zeigt sie die Schlüssel-faktoren der Agilen und Digitalen Transformation auf. Das große Ganze wird beleuchtet und vermittelt, dass die Transformation eine Herausforderung ist, ähnlich wie die Tour de France und diese nur im Team gelingen wird. Um nur einige Aspekte aus dem Speed-Up-Konzeptes zu nennen.

Langeweile ist ein Fremdwort für Sylvia Kern, die als Scanner-Persönlichkeit wissenshungrig, kreativ und offen für Neues ist. Vernetzt denken und komplexe Lösungen entwickeln sind Dinge, die sie nicht nur für ihre Kunden angeht. Um die Ecke gedachte Ideen mit Strategie und

Plan umzusetzen, findet sich auch in Sylvia Kerns Motto wieder: Mit Mut fängt die Zukunft an! ©

August 2021
LinkedIn: https://www.linkedin.com/in/sylvia-kern/
Website: www.sylviakern.com

1

Der Wandel ist DA und wo sind wir?

1.1 VUCA, Corona-Krise, Digitalisierung und die agile Organisation

Die Welt ist im Wandel: Durch VUCA und die Digitalisierung verändern sich Arbeitsprozesse, werden Abläufe schneller – machen ganz einfach ein flexibles Denken und agiles Handeln nötig. Das überfordert nicht nur Regierungen und jeden einzelnen Menschen, da können auch Unternehmen und ihre Mitarbeiter manchmal einfach nicht mehr mithalten.

Und die Welt rückt zusammen. Das bringt viele Vorteile mit sich: Wirtschaftliche Zusammenarbeit von Ländern und Unternehmen auf unterschiedlichen Kontinenten und der kulturelle Austausch gestalten sich heute einfacher denn je. Noch nie war es so einfach, zu reisen – sei es beruflich oder privat.

© Der/die Autor(en), exklusiv lizenziert durch Springer
Fachmedien Wiesbaden GmbH, ein Teil von Springer Nature 2021
S. Kern, *Future Skill Vielseitigkeit,* Fit for Future,
https://doi.org/10.1007/978-3-658-35519-7_1

Aber die „Nähe" birgt auch Unvorhersehbares in sich
– wie es uns beispielsweise die Corona-Pandemie deutlich vor Augen geführt hat. So wird eben nicht nur
Wissen, Arbeitsleistung und Kultur online oder vor Ort
ausgetauscht. Auch so ein kleines Ding wie ein Virus
macht sich unerwartet auf, verbreitet sich rasend schnell
und macht vor keiner Grenze halt. Die gesamte Mensch-
heit sieht sich heute plötzlich vor eine Herausforderung
gestellt, von der sie gestern noch nichts geahnt hat. Und
neben all dem Negativen birgt eine solche weltweite Krise
Potenzial, gemeinsam Dinge zum Besseren zu wandeln.

1.1.1 VUCA

VUCA kommt ursprünglich aus dem englischen Sprach-
raum und ist eine Abkürzung aus den Anfangsbuchstaben von Worten, die die sogenannten „Merkmale der
modernen Welt" beschreiben sollen (Quelle: https://wirt-
schaftslexikon.gabler.de/definition/vuca-119684):

- **V**olatility (Volatilität)
- **U**ncertainty (Unsicherheit)
- **C**omplexity (Komplexität)
- **A**mbiguity (Mehrdeutigkeit).

Diese Merkmale wurden erstmals in den 1990er-
Jahren von der US-Armee verwendet, um die moderne
Umgebung, in der sie sich bewegt, zu definieren und zu
beschreiben.

Wie so oft wurde der Begriff dann später auch von der
Wirtschaft, Forschung und Lehre übernommen und auf
die eigenen Rahmenbedingungen angewendet. Hier wird
VUCA eher in Bezug auf die Digitalisierung und die
damit einhergehenden Auswirkungen und Veränderungen

betrachtet. In diesem Zusammenhang sucht man nun nach neuen Wegen und Lösungsansätzen, mit den zum Teil großen und vor allem rasanten Veränderungen in der (Arbeits-)Welt umzugehen und sich in dieser weiterhin erfolgreich zu behaupten.

Aber VUCA hat auch noch eine weitere Bedeutung und ist zudem die Antwort auf die Verwendung im ursprünglichen Sinn, fragt man Unternehmensberatungen oder hört sich bei Führungskräften um. Und so werden hier die Anfangsbuchstaben der folgenden Worte verwendet:

- **V**ision
- **U**nderstanding (Verstehen)
- **C**larity (Klarheit)
- **A**gility (Agilität)

Damit steht die zunächst negative und problembasierte Definition einer positiven Sicht- und Denkweise gegenüber, die sich auf die Lösungsansätze fokussiert. Natürlich bedienen sich beide Varianten einer gewissen Vereinfachung von eigentlich wesentlich komplizierteren Sachverhalten.

1.1.2 Corona-Krise

Besonders in Krisenzeiten erleben wir Menschen immer wieder, wie unsicher, komplex, vielschichtig und wenig planbar das Leben ist – privat wie auch volkswirtschaftlich. Ganz gleich, ob es sich dabei um Kriegszeiten, Naturkatastrophen oder Pandemien handelt. Der Mensch muss sich immer wieder der entsprechenden Situation anpassen und in seinem Handeln und Arbeiten neu ausrichten.

Das aktuellste und eindringlichste Beispiel hierfür ist die Corona-Krise: Wer hier nicht flexibel war und sich den Umständen nicht schnell genug angepasst hat, hat schlimmstenfalls sogar seine Existenz verloren. Es gab jedoch auch Unternehmen und Menschen, die agil und schnell genug waren, in der Krise auch eine Chance zu sehen, sich neu zu erfinden und bis dato ungeahnte Potenziale zu entdecken und gewinnbringend zu nutzen. So sind Firmen mit neuen Strategien und veränderten Geschäftsmodellen auf dem Markt wie beispielsweise im Textilsektor: Hier stellten Trigema, Eterna, van Laack und Mey ihre eigentliche Produktion innerhalb kürzester Zeit auf die Herstellung von Mund-Nasen-Bedeckungen um. Was diese Unternehmen auszeichnet, ist ihre Flexibilität.

Doch wie heißt es so schön: In jeder Krise steckt immer eine Chance. Auch wenn das abgedroschen klingen mag, ist es dennoch wahr. Denn wie erwähnt, haben viele Unternehmen die Situation genutzt und sich „angepasst" – und mehr noch: Sie vielleicht sogar besser aufgestellt denn je.

1.1.3 Agile und digitale Transformation

Mit der Digitalisierung werden nicht nur Prozesse und Abläufe verändert. Die digitale Transformation hat ebenfalls einen enormen Einfluss auf uns Menschen und somit auf Unternehmen und deren Kultur.

Werden Prozesse digitalisiert, müssen entsprechende agile Methoden zum Einsatz kommen, die ein immer wieder wandlungsfähiges Umdenken und Handeln ermöglichen. Und damit diese Arbeitsweise überhaupt „funktioniert", benötigen wir besonders flexible Personen – Menschen, die über ein agiles Mindset verfügen.

Agiles Arbeiten baut auf Vertrauen, Commitment, Transparenz, Offenheit, Respekt und Wertschätzung. Diese Werte sind in einer klassisch geprägten und hierarchischen Organisation, die von Top-down-Anweisungen lebt, aber nicht umsetzbar. Wie soll Vertrauen geschaffen werden oder Offenheit, wenn eine Kultur gelebt wird, die sich über Macht, Status und Angst definiert?

Eines ist also klar: Auch hier muss ein deutlicher Wandel vollzogen werden – weg von althergebrachten und verkrusteten Denk- und Handlungsweisen hin zur agilen und digitalen Transformation. Denn es ist ansonsten davon auszugehen, dass sich einige Unternehmen langfristig auf ihrem Markt nicht werden halten können.

2

Wie fit sind wir für den Wandel und die Zukunft?

2.1 Deutsche Eiche oder flexibler Bambus

Wie anpassungsfähig sind wir denn wirklich? Nehmen wir doch noch einmal Bezug auf das Krisenmanagement während der Corona-Krise: In den USA wurden aus dem Nichts Testzentren unter anderem in Supermärkten, Stadien, Apotheken eingerichtet, bei uns in Deutschland passierte zunächst nicht viel – stattdessen gab es erschreckend lange Reaktions- und Handlungszeiten seitens Regierung und Unternehmen. Ein Zitat, das ich in diesem Zusammenhang immer gerne verwende: „Befinden sich Deutsche auf hoher See in Not, wird nicht zuerst gehandelt, sondern erst nachdem TÜV-Zeichen des Bootes gesucht" (Quelle: unbekannt). Es ist also ganz offensichtlich, dass wir in Deutschland noch viel Luft nach oben haben in Sachen Anpassungsfähigkeit, Flexibilität im Denken und schnellen Handeln.

Und im Bereich New Work – sieht es hier besser aus? Bereits in 80er-Jahren hatte sich Frithjof Bergmann für eine neue Arbeitswelt eingesetzt, neue Konzepte als Alternative zum Lohnarbeitssystem erstellt und unter anderem General Motors beraten. Seither wurden auf der Grundlage seiner Modelle neue Theorien und zusätzliche Themen (weiter-)entwickelt. Doch wie viel ist in den Unternehmen, Organisationen bisher tatsächlich geschehen? Hat ein merklicher Wandel stattgefunden? Und in welchem Maße wirkt er sich positiv aus?

2.2   Wandlungsfähigkeit im Business-Kontext

2.2.1 Digitalisierung geht ohne Menschlichkeit nicht

Viele fürchten die Digitalisierung, denn zahlreiche Jobs, vor allem Routinejobs, wird es sicherlich in Zukunft nicht mehr geben. Vieles kann von Computern, Maschinen und künstlichen Intelligenzen (KI) übernommen werden – und das auch noch weitaus besser, als wir Menschen es mit unseren vorhandenen Fähigkeiten je bewerkstelligen könnten.

Durch die Digitalisierung wird zudem alles viel komplexer und auch hier kommt so mancher an seine Grenzen. Es muss also ein Umdenken geben, eine Umkehr zu mehr Menschlichkeit und wieder hin zum Menschen mit all seinen Fähigkeiten und Facetten. Warum? Die Antwort liegt auf der Hand: Wer ALLEIN als Individuum – könnte Komplexität lösen? Die Vielfalt! Das gemeinsame Denken und Tun: Es muss ganz einfach ein MEHR an Kommunikation und Zusammenarbeit geben. Doch wenn dies funktionieren soll, wird auch ein MEHR an Empathie, ein MEHR an Soft Skills benötigt und die Einsicht, dass es ohne diese Eigenschaften nicht geht.

2.2.2 Hierarchisches Konzept ist wie ein klebriger Kaugummi

Das klassische hierarchische geführte Unternehmen ist weder zeitgemäß noch wettbewerbs- und zukunftsfähig. Die Handlungsweisen sind nicht mehr zeitgemäß und die gelebten Werte oft fragwürdig. Obwohl – ich möchte hier eigentlich gar nicht von Werten sprechen, wenn es darum geht, Angst und Druck zu verbreiten, damit Mitarbeiter ihren Job machen. Diese Instrumente kleben aber leider immer noch wie ein zäher Kaugummi an den entsprechenden Machtstühlen, die nur sehr ungern „hart erkämpfte" Vorteile abgeben wollen. Es braucht also dringend einen Wandel in allen Bereichen, es müssen Anreize geschaffen werden, damit sich der Kaugummi endlich löst und der Wandel auch endlich in diesen Unternehmen Einzug halten kann.

2.2.3 Neue Anreize

Wer sich in der alten Arbeitswelt durchgekämpft hat, wurde wahrscheinlich auch mit klassischen Anreizen und Statussymbolen „geködert", die vor allem für Männer wichtig sind. Ob nun die persönliche Assistenz, der Dienstwagen oder das große Eckbüro mit Fenster – die Liste ließe sich noch beliebig weiterführen. Wer in diesem Umfeld außerdem noch die nötige „Härte" an den

Tag legen musste, um seine Ziele zu erreichen, für den muss es nun einen Anreiz zum „Anders-/Neumachen" geben – auch für das Einlassen auf eine „menschlichere" Zusammenarbeit.

Doch wie können solche Anreize aussehen? Vor allem vielen (nicht allen) Männern und Führungskräften müssen attraktive Angebote gemacht werden, mit denen sie einen besseren Zugang zu ihren eigenen Gefühlen bekommen. Auf diese Weise entdecken sie auch ihre empathischen Fähigkeiten und lernen, diese für alle Beteiligten – Sie selbst und andere – gewinnbringend einzusetzen. Wer das schafft, für den ist plötzlich auch ein Statussymbol wie der Dienstwagen nicht mehr wichtig. Ein solcher Anreiz kann zum Beispiel ein persönliches Coaching sein oder eine Fortbildung im Bereich agiles Arbeiten.

Ein agiles Umfeld lebt somit also auch von Führungskräften, die sich als Coach verstehen und das Team unterstützen, ihr Bestes zu geben – den Weg frei machen, sprich in gewisser Art und Weise der Dienstleister für das Team zu sein: der Servant Leader.

Dies wiederum bedeutet für die künftigen Führungskräfte, dass die fachliche Kompetenz immer weniger relevant wird und die soziale, menschliche Komponente immer mehr an Bedeutung gewinnt. Das heißt somit, es gibt künftig mehr „Gefühle und Verletzlichkeit" im Leadership. Natürlich geht dies nicht von heute auf morgen. Und es sollte uns dabei bewusst sein: Wir benötigen dafür von den Führungskräften eine gewisse Offenheit, sich dahin zu entwickeln, menschlicher – „fühliger" – zu werden. Das ist auch für jede einzelne Führungskraft von positiver Bedeutung. Denn anstatt ständig Härte an den Tag legen zu müssen und somit nicht das eigene Potenzial ausleben zu können, lässt auch bei Führungskräften eine gewisse Lücke zurück. Diese Differenz wird häufig bei bestimmten Umbrüchen, ja, Krisen festgestellt, wie auch in der Corona-Krise geschehen.

2.2.4 Von Soft Skills „Verletzlichkeit, Mut und Vertrauen"

In Unternehmen, die sich noch in der alten Arbeitswelt bewegen, wo Härte und Egoismus en vouge sind, kann kein Vertrauen, keine Offenheit, keine Transparenz gelebt werden. Dies sind jedoch die Werte einer modernen, agilen Organisation mit einer flexiblen Herangehensweise, die die Soft Skills und Vielfältigkeit ihrer Mitarbeiter schätzt, gewinnbringend für alle zu fördern und einzusetzen weiß und den Austausch fördert. Das fordert Energie von allen und die Bereitschaft, diese auch wirklich investieren zu wollen.

Ein agiles Mindset baut nämlich auf Feedback und sieht es nicht (wie in der alten Arbeitswelt) als Angriff auf die Persönlichkeit an, sondern versteht sich als Werkzeug für die Weiterentwicklung. Damit sollte auch klar sein, dass auf begangene Fehler keine „Strafe" folgt, um Mitarbeiter zu verletzen, sondern ein konstruktives Feedback. Das setzt jedoch wiederum die Einsicht voraus, dass in jedem Scheitern auch ein Lernprozess innewohnt und die Chance einer Weiterentwicklung im positiven Sinne. Da ist es wie bei einer Software, die durch die stetige Anpassung von Version zu Version optimiert wird.

Doch konstruktives Feedback zu äußern und anzunehmen ist eine Kunst. Bei uns wird meistens durch das vorherrschende Perfektionsstreben ein Feedback mit berechtigten Kritikpunkten meist als persönlicher Angriff verstanden. Hier bedarf es eines Umdenkens und einer stetigen Reflektion der eigenen Person, was heißt: Das Ego muss einige Federn lassen.

Aber genau dieses Ego steht auch dem agilen Mindset entgegen. Denn agile Projekte, agiles Arbeiten leben von der „Selbstorganisation" und den Werten Commitment, Fokus, Offenheit, Respekt und Mut. Damit ein agiles Arbeiten möglich ist, müssen entsprechende Rahmenbedingungen geschaffen werden, die die klassisch geprägten Hierarchien, deren Entscheidungswege und Anweisungen „Top-down" ersetzen.

Agilität lebt vom Vertrauen dem Mitarbeiter und Team gegenüber und davon, Selbstverantwortung zu übernehmen, denn mehr unternehmerisches Denken eines jeden Einzelnen ist gefragt. In Unternehmen, die noch in der alten Arbeitswelt verhaftet sind, werden diese Eigenschaften, sofern diese auch nur ansatzweise ausgelebt werden, unterdrückt. Mitarbeiter mit dieser Verhaltensweise werden als „Störer empfunden" und aussortiert. Dass dies nicht gewinnbringend für eine Organisation sein kann, liegt auf der Hand.

2.2.5 Brain- und Space-Transformation

Literatur, Fachbücher, Vorreiter und Visionäre haben wir bereits. Was es nun braucht, all diese wunderbar erdachten Theorien auch in die Praxis umzusetzen, ist ein Umdenken: die Brain-Transformation. Das bedeutet aber auch das Zulassen von neuen und vielseitigen Gamechangern, die mit den notwendigen, vielfältigen Fähigkeiten ausgestattet sind, diese Theorien auch mit Leben zu füllen. Und es braucht Führungskräfte, die nicht an Macht und Status kleben, die Führung mit Servant Leadership verbinden, und darunter nicht hierarchische Prinzipen, wie bereits oben beschrieben, verstehen.

Damit eine andere, gute Zukunft entstehen kann, braucht es einen Raum, in dem mutig neue Ansätze und Lösungen gedacht, entwickelt und umgesetzt werden können: die Creative-Space-Location. In diesem geschützten und vertrauensvollen Bereich dürfen Mitarbeiter ungestraft und ungehindert ihre Ideen spinnen und frei mit ihren Fähigkeiten spielen, ohne Restriktionen von „oben". Denn – wie bereits erwähnt – Kontrolle ist wie ein klebriger Kaugummi: Er hält fest, lässt nicht frei, aber nur in der Freiheit und im Freiraum kann etwas Neues, Kreatives entstehen.

2.2.6 Kunterbuntes Curriculum Vitae

In meiner bisherigen beruflichen Karriere habe ich bereits so einige vielseitig begabte Menschen getroffen. Und alle haben mir dasselbe erzählt: Wer „viele" Bereiche, Dinge, Jobs in seinem Leben ausprobiert hat, wird vom (potenziellen) Arbeitgeber als unstet betrachtet. Aber genau diese Vielseitigkeit ist exakt der Anpassungsfaktor, den wir zukünftig brauchen! Ich selbst kann sagen, dass mir Derartiges nie passiert ist. Das liegt vielleicht daran, dass ich mich mit meinem Gesamtpaket an Fähigkeiten im IT-Sektor und in der Unternehmensberatung immer sehr gut verkaufen konnte und diese Vielfältigkeit sogar als großer Vorteil betrachtet wurde.

Doch zurück zu dem Punkt, dass es offensichtlich vielen Vielbegabten anders ergeht. Sie versuchen meist nicht, ihre facettenreichen Fähigkeiten im vorhandenen Job einzusetzen, sondern suchen oftmals nach völlig neuen Aufgabengebieten, in denen sie sich mit diesen Skills einbringen können. Aber ob das wirklich zielführend ist? Selbst wenn heute Jobs wie zum Beispiel der Data Scientist einen Hype hervorrufen, werden diese in absehbarer Zeit ebenfalls wieder durch neue KI-Lösungen abgelöst.

Doch was bleibt dann? Wie sieht die die Lösung aus? Welche Anpassung, Kompetenzerweiterung, Neuausrichtung und welche weitere Kompetenz benötigen wir dafür? Die einzige Antwort darauf ist: Flexibilität. Denn wer flexibel ist, ist der zukünftige Gewinner. Egal ob es sich dabei um Mitarbeiter oder Unternehmen handelt.

2.2.7 Klaviatur der Skill-Fähigkeiten

Für eine erfolgreiches Hier und Jetzt und eine bessere Zukunft benötigen wir also diese vielseitigen Mitarbeiter, die Gamechanger, die mit vielfältigen Skills, Interessen, Fähigkeiten ausgestattet sind. Menschen, die mehrere Tasten zum Klingen bringen, die gerne Neues entdecken, eine neue Melodie ausprobieren und somit die Zukunft gestalten! Nur wer in der Lage ist, auf mehreren Tasten zu spielen, ist in der Lage, eine stimmige Melodie zu erzeugen – aber dafür braucht es – wie bereits beschrieben – vor allem Mut und den Willen für gravierende Veränderungen im Denken: das sogenannte Growth Mindset.

Growth Mindset heißt verändern, gestalten, aktiv und kreativ werden – weniger denken, mehr handeln. Es bedeutet auch, Neues auszuprobieren und zu erkunden, Transparenz und Verantwortung zu übernehmen. Damit verbunden ist der Spaß an Herausforderungen, an der stetigen Weiterentwicklung und dem Dazulernen aus den unterschiedlichsten Bereichen. Growth Mindset fördert den Blick über den Tellerrand, fördert das Querdenken. Es weckt die Neugierde, nach neuen Impulsen, Ideen, Inspirationen und Chancen zu suchen – ganz nach dem Motto „Geht nicht gibt's nicht!".

3

Future Skills

3.1 Welche Skills werden zukünftig benötigt?

Mal angenommen, wir hätten ein Unternehmen, das offen ist für den Wandel und sich hin zu einer agilen Unternehmenskultur bewegt. Das Management verfügt über die notwendige Einsicht für den Wandel und erkennt den Nutzen. Was braucht es also, um ein klassisch geführtes Unternehmen in eine agile Organisation zu verwandeln? Agile Mitarbeiter! Aber woher diese nehmen, wenn man ihnen bisher ein Top-down-Management eingetrichtert hat und die sogenannten Unruhestifter beseitigt oder mundtot gemacht hat?

Genau jetzt braucht es eben diese Personen. Mitarbeiter, die hinterfragen, die wie ein Unternehmer im Unternehmen handeln und die offen sind für Neues und auch bereit sind, ein gewisses Risiko einzugehen. Menschen mit

© Der/die Autor(en), exklusiv lizenziert durch Springer Fachmedien Wiesbaden GmbH, ein Teil von Springer Nature 2021
S. Kern, *Future Skill Vielseitigkeit,* Fit for Future,
https://doi.org/10.1007/978-3-658-35519-7_3

vielfältigen Skills und Kompetenzen. Aber was sind denn das nun genau für Persönlichkeiten? Und welche Skills bringen sie mit, die in Zukunft für ein Unternehmen so wichtig sein könnten?

3.1.1 Was braucht die Zukunft?

In Zukunft werden die Vielbegabten in der Businesswelt nicht mehr wegzudenken sein. Keine agile und digitale Transformation wird ohne diese quer-, neu- und andersdenkenden Rebellen möglich sein. Wieso? Nur mit ihnen werden disruptive Veränderungen gelingen!

Denn wenn alte bzw. veraltete Geschäftsmodelle, Strukturen, Technologien u.v.m. aufgebrochen und durch zeitgemäßere ersetzt werden sollen, braucht es vor allem Mitarbeiter, die sich das auch zutrauen. Die die Fähigkeiten besitzen, über den Tellerrand hinaus und um die Ecke zu denken und zu agieren. Menschen, die sich nicht scheuen – ja, es sogar lieben – Neuland zu betreten. Start-ups sind darin zum Beispiel Meister – hier sind oftmals genau diese Vielbegabten zu finden und davon auch nicht wenige. Was Start-ups meist schon wissen: Am Anfang eines Change- oder Transformationsprozesses oder dem Streben nach etwas Neuem ist der Wunsch, etwas zu verändern immer sehr groß und auch die Notwendigkeit bzw. der Bedarf dafür wurde erkannt. Veränderung, Transformation geht jedoch auch immer damit einher, dass sich auch das Gewohnte, Liebgewonnene verändert. Bisherige Prozesse, Positionen, der Status etc. verändern sich. Spätestens jetzt wird allen Beteiligten klar, dass dies einiges an Staub aufwirbelt und gegebenenfalls auch nicht immer angenehm wird.

Wird das Aufwirbeln als negativ, weil unangenehm, verstanden und im Keim erstickt, wird es keine Veränderung geben und somit auch die Zukunftsfähigkeit erstickt. Erst wenn die Bereitschaft vorhanden ist, Gewohntes und Vertrautes loszulassen und sich einzulassen auf ein Querdenken, Andersdenken, Neudenken und Hinterfragen, damit etwas Neues entstehen kann, findet Innovation statt.

3.1.2 Synonyme für Vielbegabte

Um die Persönlichkeit von Vielbegabten zu definieren, gibt mittlerweile auch einige weitere Begriffe, die diesen Typ Menschen beschreiben – beispielsweise: Scanner-Persönlichkeit, Multipassionates, Neo-Generalisten, Renaisscancemenschen, Multihelden, Multitalente, Tausendsassa. Doch im Großen und Ganzen bezeichnen sie allesamt immer den gleichen Typ – den, der sich mit seinen zahlreichen Interessen und Skills außerhalb der „Norm" bewegt und nach neuen Wegen sucht, Dinge zum Besseren zu verändern.

3.1.3 Lösungen außerhalb des eigenen Dunstkreises

Wer neue Wege beschreiten möchte, muss nach unkonventionellen Möglichkeiten suchen.

> In Zeiten von Digitalisierung und New Work braucht es Menschen, die anders denken können, Vielfalt wollen und diese auch selbst leben.

Es sind Personen gefragt, die Mut, Intelligenz und Führungsqualitäten mitbringen und sich gerne neuen

Herausforderungen stellen wollen. Diese Vielseitigkeit wird versucht, im agilen Umfeld mit crossfunktionalen (interdisziplinären) Teams abzudecken. Es ist bekannt und bewiesen, dass komplexe Themen gelöst werden, wenn diverse Blickwinkel bei der Lösung berücksichtigt werden. Deshalb gewinnt das Thema Diversitymanagement immer mehr an Bedeutung.

3.1.4 Diversity Management meets Vielseitigkeit

Diversitymanagement bedeutet zum einen, die Vorteile von personeller Vielfalt zu erkennen, wertzuschätzen und auch als strategisches Steuerungsinstrument in der Unternehmensplanung bewusst einzusetzen. Diversity Management bedeutet ebenso, bewusst andere Sichtweisen zuzulassen, diese sogar zu suchen. Mehr und unterschiedliche Sichtweisen steigern die Innovationsfähigkeit und sichern somit eine erfolgreiche Zukunft.

Es geht um Vielseitigkeit in der Persönlichkeit, im Know-how, in der Herkunft, den Lebensweisen und dem Umfeld. Vielfalt drückt sich auch durch die Zusammenarbeit mit den verschiedensten Unternehmensformen aus, zum Beispiel, die Start-up-Mentalität auf die übliche Firmenkultur und Unternehmensform zu adaptieren. Unternehmen, Organisationen sowie jeder Einzelne von uns müssen immer schneller auf bestimmte Situationen reagieren können und eine Vielzahl von Hürden und Herausforderungen im Auge behalten. Dies kann künftig nicht mehr durch eine einzige Person, d. h. die „Führungskraft", abgedeckt werden. Aus diesem Grunde ist es essenziell, sich mit den verschiedensten Kompetenzen auszustatten, um erfolgreich und zukunftsfähig zu sein.

Unterschiedliche Persönlichkeiten, wie Scanner-/ Multipassionates, stellen somit als Person die Vielfalt im Bereich Diversity Management dar und durch ihre Vielbegabung und Vielseitigkeit vereinen sie mehrere Personen in einer.

4

Scanner-Persönlichkeiten, Multipassionates, Future-Skill-Held:innen & Co.

4.1 Vielseitigkeit trifft Multipassionates

Wer sich ein wenig mit vielseitigen Fähigkeiten beschäftigt bzw. beschäftigen muss, weil die Außenwelt von „Sich -Festlegen" auf eine Fähigkeit, eine Begabung, eine bestimmte Ausrichtung im Job spricht, stößt zwangsläufig auf den Begriff „Scanner-Persönlichkeit".

4.1.1 Wer oder was sind diese Vielbegabten

Vielbegabung zeichnet Scanner-Persönlichkeiten, Multipassionates, Multitalente, Neo-Generalisten und Future-Skill-Held:innen © aus. Sie haben vielfältige Interessen, bringen viel Neugierde und Experimentierfreude mit und benötigen sehr viel Abwechslung in dem, was sie tun. Sie denken mit einer enormen

Geschwindigkeit, verbinden ihre erworbenen Erfahrungen aus den unterschiedlichsten Themenbereichen und erzeugen dadurch schnell und flexibel neue Lösungen und Ideen – selbst für komplexe Situationen und Anforderungen.

Ein Beispiel für blitzschnelle und innovative Lösungsfindung ist der von mir gelieferte Verbesserungsvorschlag bei einem Händler für Sportartikel. Für eine neue Skitourenausrüstung – meine zweite Ausstattung vor einigen Jahren – habe ich auf eine sportliche und leichte Bindung gesetzt. Als ich die Ausrüstung abholte, stellte ich fest, dass es bei den Bindungen keine Unterscheidung zwischen rechts und links gibt (Abb. 4.1). Ich erwähnte, dass dies sinnvoll wäre, denn eine Skitourenbindung ist mit einer sogenannten Aufstiegshilfe ausgestattet. Notwendig ist diese Aufstiegshilfe, wenn Sie eine Steigung am Berg vornehmen möchten. Mit ihr fällt der Anstieg leichter. Die Aufstiegshilfe befindet sich jedoch nicht an beiden Seiten an der Außenseite. Dies führt dazu, dass das Höherstellen mit den Skistöcken nicht einfach an der Seite funktioniert, sondern bei einer Seite etwas unpraktisch an der Innenseite. Ich erwähnte dies im Gespräch und der Sportartikelhändler sah mich mit großen Augen an und meinte, dass dies noch nie jemandem aufgefallen sei, dies aber eine gute Idee wäre (Abb. 4.1).

Abb. 4.1 Skitourenbindung

4.2 Was zeichnet diese Personen aus?

Was sind das also für Menschen, diese besonderen Personen, die Scanner? Worin unterscheiden Sie sich im Vergleich zu anderen und was macht ihre besondere Persönlichkeitsstruktur aus?

4.2.1 New Roots

Scanner verlassen gerne ausgetretene Pfade und wagen sich auf neues Terrain. Dabei akzeptieren sie auch, dass es dort noch keine Erfahrungswerte gibt. Sie übernehmen gerne Verantwortung und holen alle ins Boot. Sie ticken ähnlich wie Start-ups, da sie unkonventionelle Wege gehen. Sie agieren agil und flexibel, sind wendig im Geiste und passen sich den Gegebenheiten an. Sie wollen mit ihrem Visionärsdenken etwas bewegen und agieren zweck- und werteorientiert. Zudem suchen sie nach Lösungen und nicht nach Problemen.

4.2.2 Ihre perfekten Rollen | Welcome Challenges!

Scanner sind die künftigen Innovations- und Solution Manager sowie Servant Leader. Sie fühlen sich in vielen Bereichen wohl und sprühen vor Ideen. Sie haben viele Projekte parallel laufen und diese auch im Griff. Lösungen finden sie schnell und schütteln sie eben mal so aus den Ärmeln und ihr Tag scheint mehr als 24 h zu haben. Nachdem sich Multipassionates sehr schnell langweilen, suchen sie stetig nach neuen Herausforderungen. Das gilt im Beruf wie im privaten Umfeld. Vielbegabte hinterfragen vieles, mit dem sich andere schon längst abgefunden haben. Sie wollen verstehen, wie die Dinge zusammenhängen, wie alles funktioniert, warum etwas so und nicht anders ist, sie haben den Blick für das große Ganze und schauen gerne über den Tellerrand.

4.2.3 Blinde Flecken (er)kennen und transformieren!

Scanner zeichnen sich durch Selbstreflexion, ein hohes Maß an Empathie und Intuition sowie werteorientiertes Handeln und die Ausrichtung auf den Menschen ebenso aus wie dadurch, dass sie die Potenziale anderer erkennen, begrüßen und fördern. Scanner-Persönlichkeiten verfügen über sehr gute „Antennen" und nehmen somit die Umgebung bzw. die Schwingungen sehr schnell wahr. Aufgrund dieser Fähigkeiten können sie zum Beispiel in Projekten – besonders in agilen Projekten – deeskalierend agieren, indem sie auf die Teammitglieder frühzeitig bei Konflikten zugehen und versuchen, gemeinsam mit ihnen einen Weg zur Entschärfung zu finden. Menschen gewinnt man im „Wir" und in Gesprächen. Dies fördert das Miteinander und jeder im Team fühlt sich dadurch wertgeschätzt.

4.2.4 Agile Projekte und agiles Management leben vom WIR

In agilen Projekten ist es entscheidend, im „Wir" zu agieren, das Miteinander zu fördern, denn nur im Team gelingt der Erfolg. Das „Im-Wir-Agieren" erzeugt Verbundenheit, ist der Klebstoff, der alle und alles zusammenhält. Das bedeutet für jeden Einzelnen, das eigene Ego zurückzunehmen und die Teamkollegen immer wieder zu ermutigen, einen Schritt auf die anderen zuzugehen – mag die Situation noch so festgefahren sein. Ein agiler Coach beispielsweise fördert in Projekten genau dies. Er fordert dazu auf, die Komfortzone zu verlassen, motiviert die Teammitglieder und stellt das Ergebnis bzw. das Ziel in den Vordergrund.

4.2.5 Empathie | Future-Skill-Set

Durch ihre gute Menschenkenntnis haben Scanner auch einen guten Blick für die Potenziale ihrer Mitmenschen. Insbesondere in agilen Projekten ist es wichtig, die Rollenverteilung zu kennen und auch die damit einhergehende Erwartungshaltung. In einem von mir begleiteten Projekt war einem Teammitglied nicht klar, welche Aufgaben es zu verantworten hatte. In einem Austausch unter vier Augen spürte und erfuhr ich, dass dieser Person der Mut fehlte, dies zu äußern. Ich konnte sie dazu ermutigen, den Dialog mit dem Management zu suchen. Das darauffolgende Gespräch war von Erfolg gekrönt – für beide Seiten.

4.2.6 Offenheit und Vertrauen | Future-Skill-Set

Durch ihre offene Art gewinnen Scanner schnell das Vertrauen der Menschen. Ihr Umfeld teilt sich ihnen gerne mit, z. B. über Herausforderungen, die als schwierig oder nicht meisterbar empfunden werden. Der Scanner greift dies gerne auf und coacht sein Umfeld, denn das Vorwärtskommen aller liegt ihm sehr am Herzen.

Exemplarisch für diese gute Intuition ist ein Beispiel aus einem Vorstellungsgespräch: Es wurde bereits im Vorfeld eine Vorauswahl getroffen – „Ausrichtung am Senior-Level". Dennoch hat ein Junior mit seinem Wissen gepunktet und wurde eingeladen. Ein HR-Professional geht im Interview stets stringent nach Ausschlusskriterien vor – die in diesem Falle lauteten: zu jung, keine Technik-Erfahrung und vieles mehr. Es wurde dabei nicht berücksichtigt, dass dieser Junior den Willen hatte, etwas zu bewegen. Letztlich erhielt er doch noch eine Chance aufgrund der Unterstützung seitens einer Projektmanagerin aus dem Team, die selbst ein Multipassionate war. Der Junior hat seine Chance genutzt: Innerhalb kürzester Zeit hat er sich in die technischen Themen eingearbeitet und wickelte die Projekte erfolgreich ab. Den Erfolg konnte er erzielen, weil diese Projektmanagerin, d. h. die Scanner-Persönlichkeit, ihrer Intuition vertraute.

4.3   Personality Check | Scanner

Entdecken Sie Ihre Potenziale! Vielleicht sind Sie auch ein Multipassionate, Multitalent, Neo-Generalist? Viele bleiben oft unerkannt und wissen gar nicht um die wertvollen Fähigkeiten, die in ihnen schlummern.

4.3.1   Ein paar Fragen zur Reflexion und Selbsteinschätzung

Sind Sie selbst eine Scanner-Persönlichkeit?

Je mehr der folgenden Fragen Sie mit Ja beantworten, desto höher ist die Wahrscheinlichkeit, dass Sie zu den Multipassionates gehören:

- Sie fühlen sich individuell, vielleicht eigenartig, vor allem aber unkonventionell?
- Sie reflektieren und denken selbstkritisch, gleichzeitig sind Sie sehr einfühlsam?

- Sie begeistern sich schnell für neue Themen und verfolgen diese intensiv?
- Sie lassen genauso schnell ein neues Projekt wieder fallen, wenn Sie sich dabei langweilen?
- Sie haben eine schnelle Auffassungsgabe und große Wissbegierde?
- Sie können den üblichen Hierarchien und Autoritäten nichts abgewinnen – für Sie steht Kompetenz im Vordergrund?
- Sie lieben es, andere Mensch zu motivieren und diese zu begeistern?
- Sie finden es spannend, die verschiedensten Projekte in den unterschiedlichsten Bereichen zu verfolgen, wie z. B. Kunst, Projektmanagement, Tanzen, Fotografie, Sport – von Bungee-Jumping über Marathon – und abends in die Oper (ggf. ohne ersichtlichen Zusammenhang)?
- Sie fühlen sich von Menschen angezogen, die genauso vielseitig interessiert sind?
- Sie empfinden Routine und Eintönigkeit als einengend?
- Sie sprühen vor (neuen) Ideen?

In der beruflichen Laufbahn stellen sich viele Scanner – früher oder später – folgende Fragen:

- Wo ist mein perfekter Arbeitsplatz?
- Anstellung oder Selbstständigkeit?
- Gibt es einen Job, in dem ich meine vielen Talente ausleben kann? Wie finde ich einen Arbeitgeber, der zu meinen Werten passt, bei dem ein Agieren auf Augenhöhe, Eigenständigkeit und freie/flexible Zeiteinteilung möglich ist?

5

Vielbegabung | Fluch oder Segen

5.1 Scanner-Handbremse | Licht und Schatten

Auf der einen Seite ist Vielbegabung ein Segen. Denn wer auf vielen Tasten des Klaviers spielen kann, ist schnell überall gefragt, vor allem wenn er in der Lage ist, sich den jeweiligen Aufgaben sehr schnell anzupassen. Auf der anderen Seite will die Flut an neuen Informationen aber auch verarbeitet werden und sollte keinesfalls zur eigenen Überforderung führen.

5.1.1 Der goldreiche Segen der Vielbegabung

Es handelt sich bei Vielbegabten um Menschen, die mit den unterschiedlichsten Talenten und Stärken ausgestattet sind bzw. um eine spezielle Form von Hochbegabung. Analytische Fähigkeit, logisches Denken oder auch im

© Der/die Autor(en), exklusiv lizenziert durch Springer Fachmedien Wiesbaden GmbH, ein Teil von Springer Nature 2021
S. Kern, *Future Skill Vielseitigkeit,* Fit for Future,
https://doi.org/10.1007/978-3-658-35519-7_5

sportlichen oder künstlerischen Bereich mit Begabung zu glänzen, ist in vielerlei Hinsicht von Vorteil. Aufgrund der vielen Interessen und Fähigkeiten ergibt sich jedoch oft eine gewisse Zerrissenheit, denn mit so zahlreichen Interessen und Fähigkeiten weicht man auch vom Mainstream ab.

Aussagen seitens anderer Personen lauten dann häufig „Verzettel dich nicht!" und „Schon wieder eine Idee!" oder „So viel, wie du machst, das ist ja nicht normal!".

5.1.2 Eigenes Stoppschild erkennen

Vielbegabte stehen sich zudem selbst oft im Weg, vor allem, wenn sie nicht zu ihrer Vielbegabung stehen oder diese (noch) nicht erkannt haben. Der innere Konflikt zeigt sich dadurch, dass man seinen vielen Interessen nachgehen möchte, aber von außen das Bild vermittelt wird, dass zu viele Interessen und Fähigkeiten letztlich nicht zum Erfolg führen.

Hier gilt es, genau hinzuschauen, um welche bremsenden Faktoren es sich genau handelt. Erfolgsverhindernde Glaubenssätze müssen entlarvt und aufgelöst werden.

> Grundsätzlich geht es darum, sich selbst zu erkennen und die eigene Vielbegabung als Gabe zu anzunehmen.

5.1.3 Wahrnehmung und Bewusstsein schärfen

Die eigene Vielseitigkeit und Vielbegabung bewusst zu erkennen, ist eine der Aufgaben, um erfolgreich im Leben durchzustarten. Ein Merkmal des Lebenslaufs einer

Scanner-Persönlichkeit ist die Häufung unterschiedlicher Jobs. Für manchen Headhunter weckt dies den Anschein von Unstetigkeit. Hinterfragt man dies jedoch, ergibt sich immer ein roter Faden – das eigene „Warum".

5.2 Best Practice for Example

Die gelebte Vielseitigkeit im Privatleben wie im Business lässt sich am besten an Beispielen aus dem „wirklichen Leben" aufzeigen und nachvollziehen.

5.2.1 Weltenbummlerin & Co.

Ein Beispiel hierfür ist eine Multipassionate aus meinem Umfeld: Von der Headhunterin über die Weltenbummlerin und Immobilienverwalterin bis hin zur Restaurantbesitzerin hat sie verschiedene Jobs ausgeübt – und alle überaus erfolgreich. Der rote Faden, der alles durchzieht, ist das Interesse und die Neugierde, etwas Neues, ganz anderes zu machen.

Ein weiteres Beispiel ist eine Projektmanagerin, die als TCM-Therapeutin tätig war und ihre Menschenkenntnis sowie ihr Know-how aus dem TCM-Bereich erfolgreich in das Projektmanagement einbringt, denn Projekte „leben" von Menschen.

5.2.2 „Auf und Ab" und kein Ziel!? – Find YOUR Future Skills!

In der gängigen Literatur (s. u.) oder in Foren wird von einem „Auf und Ab" und von mangelnder Zielfindung gesprochen. Das kann ich so nicht bestätigen. Die

Scanner-Persönlichkeiten, die mir bisher begegnet sind, haben zwar viele unterschiedliche Jobs ausgeübt, aber es gab bei jedem der Jobs immer ein eigenes „Warum" und ein Ziel.

Gerne möchte ich hier ein wenig um- und abschweifen und auf Simon Sinek und den Golden Circle verweisen – auf das „Finde dein Warum".

Auch ich persönlich sehe mich ständig mit meinen WARUM-Fragen konfrontiert und natürlich ist dieses Sich-selbst-Hinterfragen nicht immer angenehm. Ich habe jedoch im Laufe der Jahre gelernt, dass dies notwendig ist und mich jedes Mal ein ganzes Stück weiterbringt. Es lohnt sich also immer!

Eine Scanner-Persönlichkeit hat die Qual der Wahl und erliegt dieser unter Umständen. Finden Scanner keinen entsprechenden Zugang zu ihrem Inneren, um gut damit umzugehen, kann es gegebenenfalls zur Stagnation sowie zur Frustration kommen.

Deshalb ist die zentrale Herausforderung vielbegabter Personen: sich selbst zu verstehen und ihre Vielbegabung als Potenzial zu erkennen – als ihre Future Skills.

> Der größte Fehler, den man im Leben machen kann, ist, immer Angst zu haben, einen Fehler zu machen (Dietrich Bonhoeffer).

6

Kompetenz-Transfer

6.1 Was können wir von Scannern und Co. lernen, wie davon profitieren und diese Fähigkeiten weitergeben?

Scanner-Persönlichkeiten passen hervorragend in die schnelllebige sozialmediale Welt. Sich aus der Fülle von Informationen die wesentlichen herauszupicken, sich ein breit gefächertes Wissen anzueignen und dieses bewusst einzusetzen, fällt ihnen leicht.

6.1.1 Was können wir lernen?

Wir können die Neugierde, das Interesse an „allem" lernen, das „Hin- und Herspringen" zwischen den verschiedensten Themen und Bereichen erzeugt genau das

© Der/die Autor(en), exklusiv lizenziert durch Springer Fachmedien Wiesbaden GmbH, ein Teil von Springer Nature 2021
S. Kern, *Future Skill Vielseitigkeit,* Fit for Future,
https://doi.org/10.1007/978-3-658-35519-7_6

„Wissen", um komplexe Herausforderungen zu lösen. Es ist dann die Kunst, dieses breite Wissen in Lösungen und Innovationen umzusetzen!

6.1.2 Die Zukunft braucht Neugierde und Offenheit

Die künftigen Herausforderungen der sich verändernden Wirtschaft fordert Unternehmen und Mitarbeiter gleichermaßen dazu auf, neugierig, offen und flexibel zu sein. Denn erst die Neugier der Mitarbeiter ermöglicht die Innovationsfähigkeit und Zukunftsfähigkeit der Unternehmen. Bisher wurde die Offenheit für neue Erfahrungen in Firmen sehr vernachlässigt. Um dies aufzuholen, können wir von den Scannern und Co. lernen.

6.1.3 Role Model, Agile Influencer, Change Maker und Change-Befürworter

Wie können die Scanner-Persönlichkeiten und Co. in Unternehmen dazu einladen, als Vorbilder zu fungieren? Für jeden Wandel und die Transformation benötigen wir Personen, die Lust und Spaß an der Veränderung haben, die „HIER!" schreien, wenn es darum geht, dabei völlig neue Wege zu beschreiten. Es ist mittlerweile kein Geheimnis mehr, dass Change-Projekte leider zu 70 % scheitern – dies stellte bereits John P. Kotter (Harvard Business Manager, 7/2011) fest. Gründe hierfür sind im Wesentlichen mangelnde Einbindung der Mitarbeiter und zu wenig bzw. fehlende Akzeptanz. Das heißt im Umkehrschluss: Wir sind gut beraten, diese Role Models und Agile Influencer aktiv in die Change- und Transformationsprozesse einzubinden. Sie sind bereit, die Komfortzone zu verlassen, wollen etwas bewegen und sind offen für Neues.

Sie haben dadurch die Macht der Befürworter auf ihrer Seite und sichern im Prozess des Wandels die „kritische Masse". So gelingt der Change!

6.1.4 Agile Welt meets Scanner und Co.

Ein agiles Projekt bzw. die agile Organisation lebt – wie in den vorherigen Kapiteln erwähnt – von agilen Werten. Jedoch ist ein agiles Mindset nicht jedermanns Sache, das heißt, dies muss kontinuierlich gecoacht und am besten vorgelebt werden. In agilen Projekten können Multipassionates erfolgreich die Rolle des agilen Coaches ausüben.

6.1.5 Check out – finden Sie IHRE Role Models und Agile Influencer

Um die Scanner im eigenen Unternehmen zu identifizieren, können Sie beispielsweise Workshops zum Thema „Vielseitigkeit und Vielbegabung" veranstalten, da vielen Personen ihre Vielbegabung nicht bewusst sind.

Ein Beispiel: Ich habe für ein IT-/Technologie-Unternehmen eine Keynote umgesetzt. Das Feedback war phänomenal. Denn viele Teilnehmer wussten von ihrer Vielbegabung noch gar nichts, es war für sie wie ein Augenöffner, eine bisher ungekannte Möglichkeit, endlich zu sich selbst zu finden. Begleitet von der Erkenntnis, dass es von dieser „Sorte" noch mehr da draußen gibt und dass diese Vielbegabung ein echter Erfolgsfaktor ist.

Auch das Unternehmen hat die Vorteile der Multipassionates für sich erkannt und schätzt diese Mitarbeiter nun als unersetzlich, als die treibende Kraft für Innovation, Fortschritt und Zukunftssicherung.

6.1.6 Find out – Stellenausschreibung richtig formulieren

Was können Sie also tun, um Ihren Multipassionate-Anteil im Unternehmen zu erhöhen? Wie sollten Sie Ihre Stellenausschreibungen hinsichtlich dieser Menschen mit besonderen Fähigkeiten und Talenten formulieren?

Eine Standardausschreibung ist wenig anziehend für Scanner und Routineprozesse sind es ebenfalls nicht. Die Aufgabe und deren Darstellung in der Ausschreibung müssen schon „etwas Besonderes" sein. So wie eine Abenteuerreise, bei der es etwas zu erleben gibt, etwas Aufregendes, wo es Raum gibt fürs Forschen, Testen und Ausprobieren. Es muss erkennbar sein, dass ein Sich-Einbringen und Verändern-Wollen sowie ein unkonventionelles, kreatives, aber auch pragmatisches Vorgehen gewünscht ist. Aus der Ausschreibung muss also ganz klar hervorgehen, dass eine Persönlichkeit gesucht wird, die bereit und in der Lage ist, etwas zu bewegen!

Vermeiden Sie es zu schreiben, dass Sie „Quer-Neu-Anders-Denker" suchen. In vielen Stellenausschreibungen ist dies der Fall, aber häufig handelt es sich dabei leider nur um leere Worthülsen. Seien Sie diesbezüglich also sehr selbstkritisch.

Hier empfehle ich Ihnen, Arbeitgeberbewertungsportale wie Kununu aktiv zu nutzen, das eine oder andere Feedback selbstkritisch zu hinterfragen und WIRKLICH etwas für ein Multipassionates-Umfeld zu tun. In vielen Stellenausschreibungen findet man „Wir suchen Querdenkender". Und wenn diese dann an Bord sind, stellt man schnell fest, hui, da wird Staub aufgewirbelt, oh, das wird unangenehm! Noch mal: Machen Sie sich bewusst, dass Transformation Schmerzen verursacht – ohne Schmerz keine Heilung, um hier etwas philosophisch-spirituell zu werden. Was Sie als

Gegenleistung erhalten!? Vollen Einsatz, Spaß, Begeisterung, Motivation, Innovation, Flexibilität und viele positive Aspekte mehr – eine „YES-WE-CAN"-Mentalität!

6.1.7 Scanner-Fähigkeiten adaptieren | Creativ Hubs

Aber natürlich ist auch eines ganz klar: Nicht alle Ihre Mitarbeiter sind Multipassionate-Persönlichkeiten! Und sie müssen es auch gar nicht sein. Aber Sie können die Scanner-Fähigkeiten bei Nicht-Scannern fördern, indem Sie z. B. Angebote machen, die Neugierde und Offenheit erzeugen. Führen Sie in Ihrem Unternehmen freie Tage ein, die von Mitarbeitern für eigene, kreative Projekte im Sinne der Firma genutzt werden können. Die einzige Bedingung ist, dass die Ergebnisse der Projekte bzw. die Zielsetzung dem Betrieb dienen sollen. Ansonsten steht es dem/der MitarbeiterIn frei, womit er/sie sich befasst und wie die Umsetzung erfolgt. Google oder andere Global Player wie Bosch und die Telekom haben dieses Potenzial erkannt, denn neue Ideen benötigen Freiraum: Sie bieten ihren Mitarbeiten sogenannte Creative Hubs an. Fördern Sie in Ihrem Unternehmen zudem künstlerische und musische Tätigkeiten. Schaffen Sie mehr Diversity (Vielfalt) auf allen Ebenen, indem Sie beispielsweise auf unterschiedliche persönliche Interessen oder auf vielfältige Sprachkenntnisse sowie interkulturelle Kompetenz im eigenen Unternehmen setzen.

Die besagten Creative Hubs könnten wiederum von Ihren „internen Multipassionates" organisiert werden, sie sprühen ja vor Ideen und sind somit die beste Inspirationsquelle und TransformerInnen für Nicht-Scanner.

6.1.8 Inspirationsquelle Reisen

Warum zum Beispiel begeben wir uns auf Reisen? Wir erfahren dadurch Neues und erhalten neue Inspirationen. Ganz einfach: Es erzeugt Offenheit und wirft unter anderem Fragen auf, die wiederum Neugier zum „Erforschen", „Nachfragen" wecken und zu neuen Lösungen und Innovation führen.

Wenn Sie beispielsweise eine Abenteuerreise in ein fremdes Land planen mit bis dato fremden Sitten und Gebräuchen, wird Ihr Know-how und Ihre Flexibilität immer wieder auf die Probe gestellt. Sie müssen sich tagtäglich neu beweisen. Bei Rucksacktouristen kommt garantiert niemals Routine auf!

6.1.9 Routine adieu – willkommen Komplexität!

Wir sehen, dass sehr spezifisches Fachwissen in Zukunft nicht mehr ausreichen wird. Routineaufgaben werden bereits heute immer mehr von Maschinen (KI) und Robotern übernommen. Was bleibt, sind die schwierigen Fragen und Herausforderungen, die es zu lösen gilt. Dafür wird ein vielfältiges Wissen benötigt sowie die Fähigkeit, komplex und vernetzt zu denken, während man gleichzeitig eine Start-up-Mentalität besitzt. Genau diese Future Skills haben Scanner-Persönlichkeiten.

7

Nutzenargumentation

7.1 Scanner im Unternehmen | Vorteile

Welchen Mehrwert generieren diese vielseitig interessierten und begabten Personen für ein Team oder ein Unternehmen? Was bringt es Ihnen, wenn Sie auf diese vielbegabten Personen und Fähigkeiten setzen? Auf jeden Fall sollten Sie sich Gedanken machen, in welchem Bereich und in welcher Position ein Scanner sein volles Potenzial zum Vorteil aller Beteiligten einsetzen kann. Seien Sie dabei ruhig ein wenig mutiger als sonst und vertrauen Sie den Skills dieses ganz besonderen Mitarbeiters, der so viele davon auf einmal in sich vereint.

© Der/die Autor(en), exklusiv lizenziert durch Springer
Fachmedien Wiesbaden GmbH, ein Teil von Springer Nature 2021
S. Kern, *Future Skill Vielseitigkeit,* Fit for Future,
https://doi.org/10.1007/978-3-658-35519-7_7

7.1.1 Mehrwert und Nutzen

Der Vorteil von Multipassionates liegt eindeutig darin, dass Crossfunktionalität (interdisziplinäre Aufstellung) in EINER Person vereint wird. Und das gewinnen Sie, wenn Sie auf ein solches Multitalent setzen:

- Kunden und Mitarbeiter aus anderen Fachbereichen werden besser verstanden; folglich findet eine bessere und reibungslosere Kommunikation statt.
- Crossfunktionales Arbeiten wird auch für alle anderen Teammitglieder leichter.
- Durch ihr breites Wissen können Scanner Aufgaben übernehmen, die sonst auf mehrere Personen aufgeteilt werden müssten. Scanner können End2End-Prozesse bedienen.
- In leitenden Funktionen wird zunehmend der Blick für „das große Ganze" benötigt, weshalb Vielbegabte sich gut als Führungskräfte eignen oder diese unterstützen können.
- Scanner und deren Fähigkeiten bzw. deren vielfältige Qualifikationen entsprechen dem Anforderungsbild der Digitalisierung, Industrie 4.0, agilen Arbeitsmethoden etc. und machen Firmen zukunftsfähig.

7.1.2 Crossfunktionale Fähigkeiten

Wie bereits erwähnt, vereinen Scanner, Multipassionates und Co. crossfunktionale Fähigkeiten verschiedenster Personen aus den unterschiedlichsten Fachbereichen in einer Person und sind damit ein Erfolgsgarant für die Lösungsfindung bei komplexen Fragestellungen. Also das crossfunktionale Team in einer Person – all in one.

Durch die Vielbegabung, die vielseitigen Interessen und Kompetenzen können komplexe Herausforderungen schnell gelöst werden. So werden das Wissen sowie einfache Lösungen aus anderen Bereichen herangezogen und kreativ wie pragmatisch auf den jeweiligen Problembereich adaptiert. Denn: Einfachheit ist ein zentrales Element in der agilen Welt!

7.1.3 Lösungen werden außerhalb des Dunstkreises gefunden | Best Practice!

Wie genau so etwas aussehen kann, dafür gibt es mittlerweile einige belegte Beispiele. Machen wir also einen kleinen Ausflug in die Best-Practice-Business-Welt – warum es sich tatsächlich lohnt, auf crossfunktional zu setzen!

Denn Lösungen für komplexe Themen können auch außerhalb des eigenen Dunstkreises gefunden werden – in der Vielfalt. Ein Beispiel für diese Art der Schwarmintelligenz: Im Jahre 2001 hatte der Pharmakonzern „Eli Lilly" eine Vielzahl von offenen Themen und Problemen, die selbst die eigenen Wissenschaftler nicht lösen konnten. Alpheus Bingham (vermutlich selbst Scanner), der für Eli Lilly tätig war, schlug vor, die Probleme nach „draußen" zu tragen, zu veröffentlichen. Das Misstrauen war groß und natürlich auch die Angst, sich mit diesen Themen der Öffentlichkeit zu präsentieren. Doch der Mut wurde belohnt, und die vorhandenen internen Probleme wurden von den verschiedensten „externen" Personen gelöst.

7.1.4 Welche Fähigkeiten sind es denn im Detail?

Die analytischen Fähigkeiten von Scannern eignen sich beispielsweise hervorragend für den Einsatz im Rahmen der Digitalisierung. So auch im Bereich Big Data, denn im Umgang mit großen Datenmengen ist eine analytische Kompetenz unerlässlich. Stellen Sie sich einmal vor, wenn dort die entsprechenden Positionen vor allem mit Scannern besetzt würden. Wie viele Zeit- und Reibungsverluste ließen sich so für viele Unternehmen vermeiden.

Multipassionates haben zudem Mut, ausgeprägte Neugierde und Experimentierfreude, verfügen über eine sehr gute Intuition und haben einen guten Riecher für Chancen. Durch diese Eigenschaften sind sie in der Lage, z. B. in Projekten in heiklen Situationen Chancen zu erkennen. Das Vertrauen in diese besonderen Fähigkeiten zahlt sich aus: Teams öffnet sich so der Blick über den eigenen Tellerrand hinaus und die einzelnen Mitglieder werden mitgerissen und selbst zu ungeahnten Leistungen beflügelt.

Denn durch ihre positive Art gewinnen Vielbegabte die Projektmitglieder, um das gemeinsame Ziel zu verfolgen. Unerschrocken probieren sie Dinge einfach aus und es wird vielleicht kurzerhand in einer Testumgebung kreativ und auf eine neue Art und Weise mit den Daten herumprobiert, um das Ziel – einen reibungslosen Datenaustausch – zu erreichen.

7.1.5 Fokus Mensch – That's the Future

Eine weitere Eigenschaft der Scanner ist, dass sie den Menschen in den Mittelpunkt stellen. Dies wird auch angesichts der fortschreitenden Digitalisierung und der Komplexität in unserer VUCA-Welt zunehmend wichtiger: ein Plus an Menschlichkeit. Es muss künftig verstärkt der Fokus auf Teamarbeit gelegt werden und diese Teams müssen dazu noch gut geführt werden.

7.1.6 The Future needs „Servant Leaders"

Dafür benötigen wir Servant Leader. Hierbei handelt es sich um echte Teamplayer, die etwas bewegen wollen und sich als Führungskraft nicht an der üblichen Hierarchienkarriere orientieren. Servant Leader – wie auch Scanner-Persönlichkeiten – wollen verändern, bewegen und die Potenziale aller heben. Darüber hinaus eignen sich Scanner – nicht nur im Management – auch besonders für Bereiche, die mit Menschen zu tun haben, wie Kundenmanagement, Beratung und Coaching, da Empathie und ein breites Wissensspektrum hier positiv zum Tragen kommen.

7.2 Crossfunktionale Zusammenarbeit

Es ist also klar, dass ein Multipassionate nicht alleine vor sich hinarbeiten sollte, sondern gewinnbringend im und für ein Team eingesetzt werden muss, damit er zur Hochform auflaufen kann. Idealerweise ist ein solches Team ebenfalls crossfunktional aufgestellt, damit es dem Unternehmen einen möglichst großen Mehrwert bringt. Wenn Sie das volle Potenzial ausschöpfen wollen, sollten Sie dabei einige Punkte beachten.

7.2.1 Crossfunktionalität – Teamarbeit

Crossfunktionale (interdisziplinäre) Zusammenarbeit ist eine ganz besondere Form des schlauen Wissenstransfers. Crossfunktional zusammenzuarbeiten bedeutet, dass alle auf ein gemeinsames Ziel hinarbeiten. Dabei setzt jeder Beteiligte seine speziellen Fähigkeiten und Talente ein. Das Team vereint so alle notwendigen Kompetenzen, um das Ziel zu erreichen.

So setzt sich ein solches Team bestenfalls aus Mitarbeitern verschiedener Abteilungen zusammen, manchmal auch ergänzt durch externe Fachleute. Diese Zusammensetzung besteht manchmal nur so lange, bis z. B. ein Projekt erfolgreich abgeschlossen ist und sie lebt davon, dass die einzelnen Mitglieder einen unterschiedlichen Wissenstand und voneinander abweichende Ansichts- und Herangehensweisen haben. Diversity pur! Wichtig dabei ist das gemeinsame Ziel, das festgelegt ist und erreicht werden will.

Natürlich gibt es in Unternehmen auch eine ganze Menge fester Teams, die dauerhaft zusammenarbeiten. Auch diese profitieren von der crossfunktionalen Zusammenarbeit zum Wohle des gesamten Unternehmens.

7.2.2 Bei einem Banküberfall braucht's auch mehr!

Laura Klein, Unternehmensberaterin und selbst eine Multipassionate, bezeichnet diese Teams als „Heist Teams" (= engl. für Banküberfallteam) (Eriksson 2016). Dabei sind alle offen, voneinander zu lernen und Verantwortung zu übernehmen. In der Literatur werden diese Mitarbeiter als T-Mitarbeiter, T-Shaped/PI-Shaped/Comb-Shaped Professionals bezeichnet. Mit 30 Panzerknackern und niemandem, der das Fluchtauto fährt, kann man keinen Überfall machen.

> Kein erfolgreiches Produktteam besteht ausschließlich aus Produktmanagern, Designern oder Ingenieuren. Jedoch kann eine einseitige Unternehmensstruktur stören, insbesondere dort, wo Abteilungen isoliert sind.

7.2.3 Glückliche Teams sind erfolgreiche Teams!

Die besten, glücklichsten und erfolgreichsten Teams sind diejenigen, die funktionsübergreifend und lange genug zusammenarbeiten, um genug Vertrauen und Respekt für- und untereinander aufzubauen. Dies ist die Basis ihres gemeinsamen Erfolgs (Abb. 7.1).

Abb. 7.1 Teamwork

7.2.4 Wissens-Shaker – Wissen schlau mixen

Wie gehen wir schlau mit dem vorhandenen Wissen im agilen Team um? Stichworte gibt es viele dazu und wir haben bereits ein paar davon beleuchtet: Crossfunktionalität, Interdisziplinarität, Generalisten, Spezialisten oder ein T-Shaped-Skill-Set. Diese Begriffe lassen sich auf folgende Fragen zurückführen: Welche Fähigkeiten benötigen wir und bekommen wir das Wissen sinnvoll verteilt?

Wie Sie bereits erfahren haben, vereinen die vielbegabten und vielinteressierten Persönlichkeiten sozusagen die „crossfunktionale" Funktion von Teams in einer Person. Durch ihre Neugierde und ihre Offenheit, neue Wege zu beschreiten, sind sie sehr experimentierfreudig, kreativ und innovativ. Schnell sind immer wieder mal neue Ideen da, die umgesetzt werden wollen.

Die Herausforderung eines agilen, crossfunktionalen Teams ist es nun also, die Kompetenzen der entsprechenden Teammitglieder so zusammenzustellen, dass alle notwendigen Fähigkeiten vorhanden sind, das gemeinsame Ziel zu erreichen.

8

Kompetenzbeine und Kompetenzerweiterung

8.1 Mehr als EIN Kompetenzbein

Da man bekanntermaßen auf einem Bein schlecht steht, ist es immer ratsam, sich möglichst so viele zuzulegen, dass man einen stabilen Stand erhält. Das gilt für Menschen wie Unternehmen gleichermaßen. Auch das gehört zu den Future Skills in Sachen Erfolg.

8.1.1 Von T-/PI-/Comb-Shape-Modellen

Wir kennen die Experten und die Generalisten, wenn es um Laufbahnen von Mitarbeitern geht. Das eine wie das andere hat seine Vorteile. In der heutigen komplexen Welt und in Zeiten der digitalen Transformation werden – wie schon erwähnt – immer mehr Standardprozesse von KI, Robotern etc. übernommen. Auch das Denken und Agieren in Silos ist überholt. Heutzutage arbeiten Teams

© Der/die Autor(en), exklusiv lizenziert durch Springer Fachmedien Wiesbaden GmbH, ein Teil von Springer Nature 2021
S. Kern, *Future Skill Vielseitigkeit*, Fit for Future,
https://doi.org/10.1007/978-3-658-35519-7_8

agil und damit interdisziplinär. Entwickler konzentrieren sich nicht nur auf das Programmieren, sondern wirken ebenso bei Kreativ- und Produktmanagementprozessen mit. Sie unterstützen Workshops für Design Thinking, Jobs-to-be-Done oder Lean-Start-up.

Ihre Expertise ist wichtig, um neue Innovationen zu erschaffen und diese iterativ entlang dem Kundenwunsch zu entwickeln. Damit beispielsweise eine Software oder ein digitales Produkt wirklich agil entwickelt werden kann, sollten Entwickler stets offen für neuen Input, frische Ideen, regelmäßige Experimente und wechselnde Richtungsänderungen sein. Was wir somit künftig brauchen, ist ein breites Wissen, um komplexe, vielfältige Lösungen erarbeiten zu können. Die Alternative zum Expertenmodell ist das T-Shape-Modell. Es basiert auf breitem Grundwissen (horizontale Linie) mit Expertenwissen in meist nur einem Bereich (vertikale Linie).

8.1.2 Ursprung – T-Shape

Das T-Shape-Konzept ist nicht neu. Es wurde ursprünglich von David Guest entwickelt (D. Guest 1991), The hunt is on for the Renaissance Man of Computing, für die Abbildung hybrider Anforderungen an die IT-Arbeitswelt. IBM übernahm das Konzept in den 1990er-Jahren für die eigene Mitarbeiterentwicklung mit einem T-Shape-Career-Center.

8.1.3 Welche Ausrichtung brauchen wir nun zukünftig?

Zukünftig werden wir jedoch mehr Expertenlinien/-stränge in unserer Karriere benötigen und mit mehr Spezialgebieten ausgerüstet sein müssen. Diese Karriere-

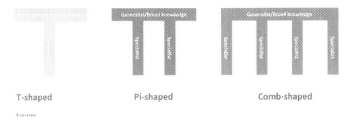

T-shaped   Pi-shaped   Comb-shaped

© Sabine Katzer

Abb. 8.1 T-PI-Comb-Shape

modelle nennt man auch PI-Modell (Pilz) oder Comb-Modelle (Kamm) (Abb. 8.1).

- T-Shape | T-förmige Fähigkeiten: In Form eines T hat die Person eine breite Basis mit einem Fachgebiet.
- PI-Shape | Pi geformte Fähigkeiten: breite Basis mit zwei Fachgebieten, die sogenannte Pilzkarriere, bildlich gesprochen mehrere Pilze nebeneinander
- Comb-Shape | Kammförmige Fähigkeiten: breite Basis mit mehreren Fachgebieten, bildlich gesprochen ein Kamm, der sich verzahnt

8.1.4 Fit für die Zukunft: PI- und Comb-Karrieren

Menschen mit Pilz- bzw. Kammkarrieren werden also in der Zukunft die attraktivsten Mitarbeiter für Unternehmen sein. Denn sie zeichnen sich vor allem durch folgende Eigenschaften aus:

- Kontinuierlicher Aufbau weiterer Standbeine: „Auf einem Bein steht man nicht gut!"
- Aufnahme weiterer Spezialgebiete sowie Wissens- und Kompetenzerweiterung

8.2   Flexibilität lässt Stürme vorbeiziehen und Er-Kenntnisse gewinnen

8.2.1   Flexibilität | ein Must-have!

Auch während der Corona-Krise hat sich gezeigt: Wer flexibel auf mehreren Beinen steht, ist in der Lage, sehr schnell zu reagieren und auf ein erfolgversprechenderes Bein umzusteigen.

Damit wird eines deutlich: Ohne Flexibilität hinsichtlich der Unternehmensstrategie geht es gerade in stürmischen Zeiten nicht. Ohne sie steht die Zukunft einer Organisation auf wackligen oder eben nicht ausreichend vorhandenen Beinen. So ist dieses gewiss nicht einfache Thema auch längst schon zur Führungsaufgabe geworden, denn ihm gerecht zu werden, stellt Unternehmen vor große Herausforderungen, die oftmals nur mit der Expertise eines externen Beraters bewerkstelligt werden können, der bei der Entwicklung neuer Strategien und Kursrichtungen unterstützt.

8.2.2   Von Präsenz zu online – Weiterentwicklung und Fehlerkultur

In Bezug auf Kenntniserweiterung in pandemischen Zeiten waren zudem viele Speaker und Coaches sowie Unternehmen darin gefordert, Webinare, Vorträge und vieles mehr online umzusetzen. Viele haben also ihr (Bühnen-) Programm kurzerhand auf ein digitales umgestellt. Sicherlich mag der erste Entwurf noch nicht optimal, vielleicht sogar „fehlerhaft" gewesen sein, aber genau darum geht es ja nicht. Es geht künftig mehr um ein iteratives und flexibles Vorgehen sowie darum, eine stetige Verbesserung zu erzeugen, das heißt, mit neuem Wissen am Produkt oder der Dienstleistung zu feilen.

Wir sollten weniger von Fehlern oder Scheitern sprechen, sondern Misserfolge als Lernchancen deuten. Das Leben besteht aus stetiger Veränderung und Entwicklung. Wie bei einer Software, die durch die kontinuierliche Anpassung von Version zu Version verbessert wird, besteht das Leben aus fortlaufenden Verbesserungsprozessen. Die Bereitschaft, Fehler zu machen und die Erkenntnisse daraus in die Weiterentwicklung einfließen zu lassen, ist dabei elementar.

Ich bin bereits in Kap. 2 darauf eingegangen und wiederhole es an dieser Stelle, weil es so wichtig ist: Um aus Fehlern zu lernen, bedarf es der Fähigkeit, konstruktives Feedback anzunehmen. Dabei rückt das eigene Ego – zumindest zwischenzeitlich – zugunsten einer differenzierten Betrachtung in den Hintergrund.

> Das Ego ist der Antagonist des agilen Mindsets. Agile Projekte und agiles Arbeiten leben von der „Selbstorganisation" und den agilen Werten: Commitment, Fokus, Offenheit, Respekt und Mut.

8.2.3 Kein Bauchladen – aber Anpassungsfähigkeit

Wie vorab schon erwähnt, ist in turbulenten und unsicheren Zeiten die Anpassungsfähigkeit ein Erfolgsgarant. In Zukunft wird immer mehr Flexibilität im Job erforderlich sein. Daran ändert auch die immer noch vorherrschende Berufsausübungsform der Festanstellung als Experte auf einem Gebiet nichts. Dies wird auch aufgrund der Digitalisierung immer weniger zur Regel werden, weshalb wir uns breiter aufstellen müssen – kein Bauchladen, sondern eine gute Business-Job-Story! Eine logische Verbindung der einzelnen Expertenbeine, um somit die Vorteile hervorzuheben.

8.2.4 Fähigkeiten und Wissen gekonnt verknüpfen – Business-Story!

Die Anpassungsfähigkeit und ein guter Mix von Geschäftsmodellen, Kenntnissen, Fähigkeiten etc. ist also für Unternehmen und Vielbegabte im Job – und auch für alle anderen Mitarbeiter – essenziell. Wichtig ist weiterhin – auch für Vielinteressierte – den roten Faden in der eigenen Karriere zu finden. Die unterschiedlichen Fachbereiche sollten sich gut miteinander vereinen und sozusagen eine Story ergeben, z. B. als Berater ein Improvisationstheater-Event für Firmen umzusetzen, um diese für Kreativität und Innovation zu öffnen. In der Regel verfügen Scanner über einen solchen roten Faden, auch im Business-Kontext. So kann beispielsweise die grundlegende Ausrichtung (z. B. Projektmanagement) um eine Vielzahl von Kenntnissen und Fachbereichen ergänzt werden, wie betriebswirtschaftliches Know-how, HR-Themen, Diversity Management, Philosophie, Sport, künstlerische und musische Fähigkeiten. Auch aus Hobbys lassen sich neue Standbeine generieren. Ist man etwa als Coach tätig und liebt Sport, könnte man ein weiteres berufliches Feld als Mental-Trainer o. Ä. aufbauen. Dies gilt selbstverständlich auch für Berufstätige, die als Angestellte arbeiten.

8.2.5 Das große Ganze ist gefragt – End2End-Denkweise

Wie bereits weiter vorne in diesem Buch dargelegt, ist ein weit gefächertes Wissen, die Flexibilität im Denken des einzelnen Mitarbeiters überaus hilfreich und effektiv in der Auswirkung für ein Team oder sogar ein ganzes Unternehmen. Warum? Weil so eine bessere Auffassungsgabe zur Betrachtung des großen Ganzen vorhanden ist. Nur so gelingt der Blick über den Tellerrand: Wenn wir unsere Komfortzone verlassen und neugierig darauf sind, was wir dort alles entdecken können. Mit dieser Einstellung steht uns die ganze Welt offen.

Aber das ist leichter gesagt, als in der Praxis umgesetzt. Der Blick für das große Ganze ist nämlich nicht jedem gegeben – und oftmals gerade nicht den Damen und Herren in den Führungsetagen. Warum das so ist, kann unterschiedliche Gründe haben: Es mangelt generell an Führungskompetenz, es wird klein-klein gedacht oder es fehlt die Zeit, sich im Alltagsgeschäft mit anderen, neuen Dingen zu beschäftigen. Manch einem fehlt die Fähigkeit zur Wahrnehmung der Wichtigkeit des großen Ganzen, es herrscht eine Denkweise in Silos vor und abteilungsübergreifende Kommunikation mit den relevanten Schnittstellen kommt zu wenig bis gar nicht vor. Oftmals steht auch die eigene Weiterentwicklung im Vordergrund, sodass der Blick für die Allgemeinheit, eine End2End-Arbeitsweise gar nicht offen ist. Und so ließe sich diese Liste noch beliebig weiterführen.

Ohne ein End2End-Denken ist es jedoch nicht möglich, die Prozesse eines Unternehmens derart zu gestalten, dass alle Abläufe quasi Hand in Hand gehen. Und das auch noch zum Wohle aller Beteiligten, die alle das eine gemeinsame Ziel haben (sollten): das Erfüllen der Kunden-/Stakeholderbedürfnisse.

9

Scanner-Herausforderungen meistern

9.1 Über Herausforderungen und Erkenntnisse

Ein Scanner, der seine Vielbegabung offen und ohne Einschränkungen von außen leben möchte, stößt leider immer wieder auf Hindernisse, Vorurteile und andere von Dritten gemachten Grenzen. Hier gilt es, diese Herausforderungen anzunehmen und sich auf seinem ganz persönlichen Weg nicht beirren zu lassen. Offenheit hilft hier meist weiter und die Erklärung, wer ein Scanner ist und was ihn so besonders macht.

9.1.1 Herausforderung annehmen

Als Multipassionate sollte man sich nicht von seinem ganz individuellen Weg abbringen lassen. Denn einmal zu der Erkenntnis gelangt, dass man zu den Vielbegabten gehört

S. Kern, *Future Skill Vielseitigkeit,* Fit for Future, https://doi.org/10.1007/978-3-658-35519-7_9

und welche Vorteile damit einhergehen, gibt es sowieso kein Zurück mehr. Dieses Leben will und muss gelebt werden! Gehen Sie also Herausforderungen in Form von Skeptikern, Unwissenden und starren Strukturen, auf die Sie mit Sicherheit auf Ihrem Weg immer und immer wieder treffen werden, mit Gelassenheit an. Bleiben Sie beharrlich – es wird sich lohnen!

9.1.2 Erkenntnis – du bist goldrichtig!

Um dies zu meistern, eignen sich einige Methoden und Tools. Die wichtigste Erkenntnis zuerst: „Jede/r darf so sein, wie er/sie ist." Versuchen Sie als Scanner, sich nicht dem Anpassungsdruck zu beugen und geben Sie die Suche nach dem einen fixen Ziel getrost auf. Den eigenen Interessen und Ideen freien Lauf zu lassen, ohne sich einzuengen, ist für Scanner die produktivste und angenehmste Art der Weiterentwicklung. Das heißt nicht, dass sie kein Ziel oder keine Vision haben sollten, aber keinen Zwang zum Big Picture, denn das ergibt sich irgendwann sowieso, wenn man seinen Ideen und Interessen freien Lauf lässt!

9.1.3 Nutze und vertraue deiner Intuition

Scanner sollten ihre ausgeprägte Intuition nutzen und das eigene Anderssein stets positiv bewerten. Die eigene Vielbegabung als Gabe zu erkennen und – beruflich wie privat – im Alltag anzuerkennen, hat die stärksten Effekte. Denn schließlich profitieren auch alle anderen von der ausgeprägten „Fühligkeit", sei es die Familie, der Freundeskreis, die Kollegen oder das Unternehmen, für das man als Arbeitnehmer tätig ist.

9.1.4 Vom schwarzen Schaf zum Segen für die Gesellschaft!

Vielbegabte Menschen sind ein Segen für die Gesellschaft, für jede Familie und jedes Team. Diese Menschen sind bereit, sich auf Neues einzulassen, wenn andere lieber in ihren gewohnten Bahnen bleiben wollen. Früher noch als unbequeme Querdenker und Störer der ach, so geliebten und gewohnten Abläufe und Strukturen empfunden, erkennt die Gesellschaft langsam den tatsächlichen Wert von Menschen, die mit einer unorthodoxen Denk- und Herangehensweise für Aha-Effekte und unerwartete Lösungen sorgen.

9.1.5 Wo geht's zur Challenge?!

Sie haben es bereits mehrfach in diesem Buch gelesen: Scanner brauchen es geradezu, sich immer wieder neuen Herausforderungen zu stellen. Denn nur das verhilft ihnen zu einem glücklichen (Arbeits-)Leben. Wurde dieses Potenzial auch von anderen erkannt – zum Beispiel vom Arbeitsgeber – wird der Vielbegabte zum „Motor" eines Teams, er treibt Dinge auf bis dato ungeahnte Weise voran. Doch auch der Vielbegabte muss erst einmal lernen, mit seinen Fähigkeiten umzugehen und diese effizient und effektiv einzusetzen.

9.2 Scanner-Tool-Box | Erste-Hilfe-Koffer

Ausgestattet mit Vielseitigkeit und Vielbegabung gibt es – wie bereits erwähnt – für einen Scanner oder Multipassionate die eine oder andere Herausforderung, die es zu meistern gilt. Die Schwierigkeit besteht darin, sich in der Fülle der gebotenen Möglichkeiten zu strukturieren. Hier können Sie sich einiger bekannter Hilfsmittel bedienen und so Ihren ganz persönlichen „Erste-Hilfe-Koffer" zusammenstellen.

9.2.1 Resilienz und eigener Grenzen-Check

Aufgrund ihrer Vielseitigkeit neigen Scanner manchmal dazu, sich zu überfordern und zu viele Ideen bzw. zu viele Dinge gleichzeitig zu jonglieren. Bevor es so weit kommt oder wenn Sie schon mittendrin stecken, schaffen Sie mit diesen Mitteln Abhilfe:

• Achtsamkeit: Lernen Sie sich selbst genau kennen und nehmen Sie Ihre eigenen Grenzen und Bedürfnisse wahr.
• Hilfsmittel: Nutzen Sie Tools und Techniken zur Entspannung, wie z. B. Meditation, Tanzen, Sport, autogenes Training und EFT (Emotional Freedom Techniques).
• Grenzen setzen: Als TroubleshooterIn ist man gerne und überall gefragt. Hier heißt es auch mal freundlich „Nein" zu sagen.

9.2.2 Wissenswertes für Multipassionates!

• Der rote Faden: Finden Sie den eigenen „roten Faden" und loten Sie eigene Stärken und Schwächen gezielt aus.
• Organisation und Struktur: Versuchen Sie, sich selbst gut zu organisieren und zu strukturieren, z. B. mittels Ideen-Inspirations-Buch. Hierzu gibt es viele kosten-freie Tools für jeden Geschmack.
• Klarheit: Da das Gehirn eines Scanners ständig am „Denken und Lösen" ist, ist es wichtig, sich Freiraum

zu schaffen. Dies gelingt beispielsweise durch ein Ideen-Inspirations-Buch oder eine Mindmap. Sind die Themen notiert, muss man zudem keine Angst haben, diese guten Ideen zu verlieren. Du musst Dich nicht entscheiden, wenn Du tausend Träume hast! (Barbara Sheer (2012), Du musst dich nicht entscheiden, wenn du tausend Träume hast)

- Selbstakzeptanz: Lernen Sie, sich selbst zu akzeptieren und abzugrenzen. Unterscheiden Sie zwischen Momenten des Ideenüberschwalls und Umsetzungsphasen.
- Passendes Umfeld: Sorgen Sie für ein Umfeld, das zu Ihnen passt. Es ist sehr positiv, sich mit Menschen zu umgeben, die einen verstehen. Umgeben Sie sich mit Menschen, die nicht von einem gelegentlichen Überschwall von Ideen und von gedanklichem Hin- und Herspringen überfordert sind, sondern dies akzeptieren oder gar verstehen.
- Diversität: Erkennen Sie (an), dass nicht jeder denken und empfinden kann, wie Sie es tun. Verständnis und Akzeptanz für die Unterschiede bei Menschen aufzubringen ist auch für das eigene Wohl sinnvoll.
- Personal-Branding für Scanner: Finden Sie die Alleinstellungsmerkmale, die Ihren persönlichen „roten Faden" im Lebenslauf auszeichnen.
- Eigene Business-Story erstellen: Haben Sie Ihren roten Faden gefunden, können Sie manche „Brüche" oder unterschiedliche berufliche Karrieren miteinander als Geschichte verbunden werden – so werden die Brüche nicht als Brüche, sondern als Brücken verstanden.

9.2.3 Scanner-Personality – weitere interessante Fakten

Viele Scanner lieben es zu lesen und zu schreiben. Sie erfinden gerne Dinge, entwickeln gerne Projekte und

Geschäftsideen. Andere singen und kochen gerne oder sind die perfekten Gastgeber. Ein Scanner lernt vielleicht voller Begeisterung Bridge oder Golf, aber sobald er es einigermaßen beherrscht, verliert er möglicherweise die Lust daran. Scanner-Persönlichkeiten sind ähnlich wie ein Scanner-Gerät, die unzähligen Möglichkeiten des Lebens werden wie eine Buchseite abgescannt und quergelesen, um dann wieder zum nächsten Thema weiterzuziehen! Durchstarten mit dem ersten Schritt! Elementar für einen Scanner ist es, einfach mal zu beginnen, den ersten Schritt zu machen.

Aufgrund Ihrer Vielbegabung und ihres Perfektionismus wird oft lange abgewogen, bis ein Scanner startet. Oft scheitert dadurch auch die Umsetzung der Ideen. Deshalb muss der Grundsatz lauten: „Gas geben und mit dem ersten Schritt beginnen!" Alles andere ergibt sich im laufenden Prozess. Legen Sie mit einer Checkliste (z. B. als Motivationsboost) los, in der Sie alles festhalten, was Sie gerne machen und umsetzen möchten oder wo Sie eventuell Unterstützung benötigen. Und haben Sie keine Angst vor dem Scheitern!

Die Hauptsache ist, anzufangen – auch kleine Schritte zählen. Legen Sie ruhig den Perfektionismus ab und beherzigen Sie die 80/20-Formel! Diese wird auch Pareto-Prinzip genannt und besagt, dass Sie mit nur 20 % Einsatz bereits 80 % des angestrebten Ergebnisses erreichen können.

9.2.4 Ihre persönliche Scanner-Tool-Box

Sorgen Sie also als Scanner im privaten wie auch beruflichen Umfeld mit Hilfsmitteln für eine gewisse Struktur, die Ihnen helfen wird, die Dinge gut anzugehen. Denn – trotz aller Flexibilität – ohne Plan tun sich auch vielbegabte Menschen schwer, Ihre Vorhaben in die Tat umzusetzen. Dieser Plan darf und muss durchaus immer wieder flexibel angepasst werden. Dafür eignen sich moderne, digitale Tools optimal:

- Nutzen Sie Online- oder digitale Hilfsmittel wie Kalender, Notizbücher, Fünfjahresplaner, Mindmap oder andere Planungs-Tools wie z. B. Trello.
- Setzen Sie sich Fristen und achten Sie dabei auf realistische Termine.
- Denken Sie zu Beginn nicht schon an das Ende des Prozesses.
- Probieren Sie neue Dinge, die Sie begeistern.

Weitere Tools – je nach Scanner-Typ:

- Beschränken Sie die Anzahl Ihrer laufenden Projekte auf ein behandelbares Maß.
- Machen Sie einen Tagesrückblick (inkl. Erfolgsrück-blick). Denken Sie darüber nach, was Sie an diesem Tag geschafft haben und welche Erfolgserlebnisse Sie hatten. Viele Scanner nehmen sich viel zu viel vor und haben eine sehr hohe Erwartung an sich selbst.
- Führen Sie z. B. ein Ideen- und Projektbuch (Abb. 9.1) oder Excel-Listen und Projektpläne (auch für den privaten Bereich). Tools wie Microsoft Teams (Abb. 9.2), Asana oder Trello lassen sich hervorragend dafür verwenden.
- Zur besseren Fokussierung und Strukturierung der Aufgaben führen Sie eine Excel-To-do-Liste (Abb. 9.3) mit verschiedenen Tabellenblättern für unterschied-liche Themenbereiche. Tages-To-Dos priorisieren Sie. Was muss erledigt werden (Prio A), was kann erledigt werden (Prio B) und was kann optional verschoben werden (Prio C).

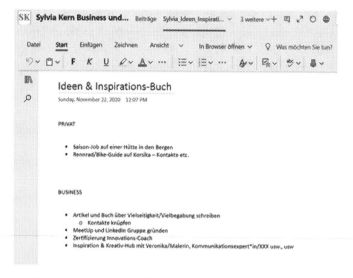

Abb. 9.1   Ideen/Projektbuch

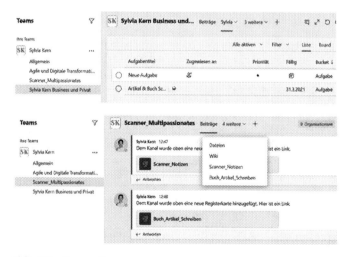

Abb. 9.2   Teams-Orga

TO DO | Tagesplanung

Montag, 20.07.2021

Uhrzeit	Aufgaben	Erledigt
6:00	Joggen	
8:00	Mails, Vorbereitung Dailys	
8:30		
9:00		
9:30		
10:00	Abstimmung Call Gabler Springer	
10:30	Keynote Future Skill Vielseitigkeit	
11:00		
11:30		
12:00		
12:30	Lunch - Besprechung XYZ	
13:00	Lunch - Besprechung XYZ	
13:30	Projektvorbereitung A&D	
14:00	Projektvorbereitung A&D	
14:30	Projektvorbereitung A&D	
15:00	Projektvorbereitung A&D	
15:30	Projektvorbereitung A&D	
16:00	Projektvorbereitung A&D	
16:30	Projektvorbereitung A&D	
17:00	Projektvorbereitung A&D	
17:30	Projektvorbereitung A&D	
18:00	Rennrad fahren	
18:30	Rennrad fahren	
19:00	Rennrad fahren	
19:30	Rennrad fahren	

Abb. 9.3 Excel-To-do-Liste

9.2.5 Strukturausflug in die agile Welt

Nicht nur für Scanner ist eine Struktur der Erfolgsgarant, auch in der agilen Arbeitswelt und in der agilen
Organisation ist Struktur das A und O und führt zum
ERFOLG. Agilität heißt eben nicht Chaos, Agilität
benötigt sogar ein MEHR an Struktur, einen Rahmen,
in den das Team oder das Unternehmen „springt".

Orchestriert wird das Ganze dann beispielsweise vom Scanner als agiler Coach. Agilität und Struktur gehören (für Scanner) einfach zusammen und sie sind in ihrem Element. Denn Struktur ermöglicht es, sich zu fokussieren!

10

Fokus zentraler Erfolgsfaktor für Scanner und in der agilen Welt

10.1 Fokus der „Erfolgsfaktor"

Als Scanner sollten Sie sich immer auf das Wesentliche konzentrieren, denn Sie wissen ja selbst, wie leicht Sie sich von den vielfältigen Ideen und Möglichkeiten verführen lassen und Sie sich damit verzetteln können. Richten Sie Ihre Aufmerksamkeit also immer nur auf einen „aktuellen" Punkt, auf Ihr Ziel. Bestenfalls können Sie sich auf ein Projekt fokussieren, oft erfordern es die Umstände, mehrere Projekte gleichzeitig zu handeln. Dabei hilft wiederum die Struktur und das Fokussieren auf das Wesentliche, ein Ziel bzw. Projekt. Sollten Sie dann dennoch ins Schleudern geraten, müssen Sie sich wohl oder übel der Projekte entsprechend ihrer Wichtigkeit nacheinander annehmen. Sie werden merken, dass Sie so schneller vorankommen, und der Erfolg stellt sich automatisch ein. Mit etwas Übung, Selbstdisziplin und

Beharrlichkeit können Sie erlernen, sich zu fokussieren und sich ausschließlich der aktuell wichtigsten Sache zu widmen.

10.1.1 Wie fokussiere ich mich?

Wie schafft man dies? Sich auf etwas zu konzentrieren ist einfach, wenn einem etwas Freude bereitet, d. h. Ziele, für die man sich begeistert, fördern den Fokus. Es ist sinnvoll, die Ziele mit Etappenzielen, Meilensteinen und festen Terminen zu planen. Jedoch sollte man immer bedenken, dass das Leben ein Fluss ist und mancher Weg entsteht beim Gehen. Zur Orientierung auf dem Weg hilft es, sich seines eigenen „Warums" bewusst zu sein. Auch das gelegentliche „Zwiegespräch" mit sich selbst ist förderlich: Wo stehe ich gerade? Wo will ich hin? Bin ich noch auf der richtigen Spur? Stolpersteine werden sich auf dem Weg auftun. Manche kann man vorhersehen, andere nicht. Hier ist ein gutes Maß an Selbstreflexion hilfreich, um sich weiterzuentwickeln. Die Belohnung zwischendurch sollte nicht vergessen werden, denn Teilerfolge zu feiern spornt an.

10.1.2 Noch ein paar weitere Tipps

Wer sich auf eine Sache bzw. Ziel fokussiert, arbeitet meist auch schneller und mit mehr Motivation. Doch nicht immer machen die äußeren Rahmenbedingungen ein solch konzentriertes Arbeiten möglich. Damit es Ihnen dennoch gelingt, hier ein paar Tipps in Sachen Fokussierung:

- Setzen Sie Etappenziele: Niemand kann sich über eine zu lange Zeit auf eine Aufgabe konzentrieren, irgendwann setzt die Ermüdung ein. Hier hilft es, mit

Etappenzielen und (kleinen) zu arbeiten. So kommen Sie Schritt für Schritt zum Ziel.

- Teilen Sie Ihren Arbeitstag in feste Zeitblöcke ein: Erledigen Sie stets wiederkehrende Routineaufgaben möglichst immer im gleichen Zeitfenster. So schaffen Sie sich eine Struktur und Freiräume für alle zusätzlich anfallenden Aufgaben und Projekte.

- Lassen Sie sich nicht ablenken: Jede einzelne Unterbrechung stört die Konzentration. Leiten Sie das Telefon um, schalten Sie das Handy aus, ignorieren Sie das E-Mail-Postfach und schenken Sie den sozialen Medien in dieser Zeit keine Aufmerksamkeit.

- Nehmen Sie den Druck raus: Lassen Sie sich nicht von zu knappen Deadlines oder ungeduldigen Kollegen zur unnötigen Eile drängen. Denn so neigen Sie dazu, möglichst alles schnell und auf einmal zu bewerkstelligen. Das erhöht das Fehlerpotenzial und verringert die Arbeitsgeschwindigkeit.

- Vermeiden Sie Langeweile: Unterfordern Sie sich jedoch auch nicht mit dem, was Sie tun. Ansonsten schweifen Sie mit Ihrer Aufmerksamkeit ab – hin zu vermeintlich spannenderen Dingen.

11

Agile und digitale Transformation meets Future Skill Vielseitigkeit

11.1 Agile und digitale Transformation

Die digitale Transformation bewirkt einen fortlaufenden Veränderungsprozess unserer Gesellschaft und der Wirtschaft. Und das vor allem im Sinne des Kunden und der Konsumenten. Denn ihnen soll das Leben vereinfacht werden. Unternehmen jedoch stellt das vor eine große Herausforderung. Sie kämpfen mit veränderten Wertschöpfungsketten, neuen oder sich ändernden Industrien, Attacken von digitalen Mitbewerbern. Abläufe und Prozesse müssen neu gedacht und verändert werden, ebenso wie Geschäftsmodelle. Das alles, um auch im digitalen Zeitalter der Zukunft mit dem Wettbewerb mithalten zu können und sich auf dem Markt zu behaupten.

© Der/die Autor(en), exklusiv lizenziert durch Springer
Fachmedien Wiesbaden GmbH, ein Teil von Springer Nature 2021
S. Kern, *Future Skill Vielseitigkeit,* Fit for Future,
https://doi.org/10.1007/978-3-658-35519-7_11

11.1.1 Notwendiger Change

Die sich ändernden Rahmenbedingungen stellen etablierte und althergebrachte Geschäftsmodelle infrage, der Druck auf Unternehmen erhöht sich. Sie haben die Grenzen des Wachstums längst erreicht, und/oder das ursprüngliche Kerngeschäft ist nicht mehr zeitgemäß und muss überdacht werden. Kompetenzen, die heut noch up to date sind, haben in fünf Jahren vielleicht schon keinen Wert mehr. (So äußerten sich nach einer Studie von McKinsey acht Prozent der befragten Führungskräfte dahingehend, sie zweifelten daran, dass ihr aktuelles Geschäftsmodell den digitalen Wandel übersteht. Im Umkehrschluss heißt das also: Um die digitale Transformation kommt kein Unternehmen herum, sie wird sogar zur wichtigsten Führungsaufgabe.)

11.1.2 Beschleuniger für die Transformation

Wie lässt sich also die digitale Transformation vorantreiben? Zu den Beschleunigern gehören in jedem Fall die veränderten und höheren Anforderungen (digitaler) Kunden, die sinkende Halbwertszeit von Kompetenz und Wissen, der veränderte Wettbewerb und der steigende Margendruck, die Veränderung der Wertschöpfungsstruktur durch neue Technologien, Tools und Geschäftsmodelle sowie vor allem eines: das enorme Tempo und die Art und Weise, wie die Veränderungen voranschreiten.

11.1.3 Erfolgsfaktoren – der Erfolg hat vier Seiten ©

Das Fundament für eine erfolgreiche agile und digitale Transformation ist für alle Branchen, Unternehmen und Projekte stets dasselbe, denn es lässt sich als Grundgerüst für alle gleichermaßen nutzen. So besteht es immer aus den folgenden vier Eckpunkten:

- **Digitalisierung** der Geschäftsmodelle | Prozesse digitalisieren und optimieren
- **Innovation** | Neue digitale Geschäftsmodelle entwickeln und bestehende optimieren – disruptiveren
- **Agilität** – agile Organisationsentwicklung | Die **Organisation** und die **Menschen** hin zu mehr Agilität entwickeln
- **Mut** | Mutig neue Wege zu beschreiten – mit Mut fängt die Zukunft an! ©

11.1.4 Umsetzung der digitalen Transformation

Doch wie soll nun die digitale Transformation erfolgreich gelingen? Wie schaffen es Unternehmen, sich auch in Zukunft weiterhin erfolgreich auf dem Markt zu behaupten? In jedem Fall sind folgende Elemente dafür unabdingbar: Die bestehenden Geschäftsmodelle müssen digitalisiert werden, neue Geschäftsmodelle und digitale Neuerungen müssen zum Einsatz kommen und Organisationen müssen sich agil (weiter)entwickeln.

11.2 Scanner und Transformation

Wir haben nun über die Scanner-Persönlichkeiten, Multipassionates, Neo-Generalisten viel gelesen und sind auch schon immer wieder auf die Zusammenhänge für die agile und digitale Transformation eingegangen. Dieses Thema möchte ich an dieser Stelle nun vertiefen.

11.2.1 The perfect Match!

Wenn wir nun die Eigenschaften den Herausforderungen und den Themen der agilen und digitalen Transformation gegenüberstellen, sehen wir, wie beide perfekt harmonisieren und beide voneinander profitieren. Gerne möchte ich es jetzt noch mal auf dem Punkt bringen, warum wir genau in diesem Zusammenhang künftig besonders die Vielbegabten mit ihren besonderen Fähigkeiten brauchen.

Die Bedeutung von Scannern für die agile und digitale Transformation und moderne Organisationsentwicklung ist enorm: In dieser schnelllebigen Zeit ist so wichtig, das Wesentliche zu erfassen. Das gelingt Scannern meisterhaft – andere schreiben Romane, ein Multipassionate einen Vierzeiler.

Die agile und digitale Transformation als ganzheitlicher Prozess benötigt eine ebenso ganzheitliche Strategie. Denn wird beispielsweise an dem Rädchen der Prozessoptimierung gedreht, hat dies auch Einfluss auf die Arbeits- und weiteren Vorgehensweisen in einem Team oder einem Unternehmen. Das heißt also: Es werden Kompetenzen benötigt, die diese Komplexität mit vielfältiger Expertise verstehen können bzw. in der Lage sind, sich die benötigten Kompetenzen schnell anzueignen oder ein Team mit den entsprechenden besonderen Fähigkeiten aufzubauen.

11.2.2 Essenz – auf das Wesentliche kommt es an!

Aus der Flut der Informationen die Essenz zu gewinnen und die Flut an Informationen in Windeseile gedanklich zu verarbeiten, dies liegt den Scanner-Persönlichkeiten. Die agile und digitale Transformation hat ein gewaltiges Veränderungspotenzial. Agile Projekte und Unternehmen bzw. agiles Arbeiten werden bzw. wird von den agilen Werten getragen. Diese Werte sind Vertrauen, Commitment, Offenheit, Respekt und Transparenz. Hinzu kommen die Prinzipien des agilen Manifests, die jedes Unternehmen auch firmenspezifisch für sich selbst entwickeln kann. Diese Werte und Prinzipien kollidieren mit den traditionellen, hierarchisch geprägten, Top-down geführten Unternehmen. Demzufolge heißt das, dass es Offenheit für einen Wandel braucht. Dies bedeutet auch Offenheit für den Wandel der inneren Einstellung eines Growth Mindsets. Da diese Offenheit für Wandel sich nicht von heute auf morgen entwickelt, muss diese kontinuierlich (vor-)gelebt werden und ständig evaluiert werden.

11.2.3 Scanner und Co. – Agile Influencer

Agile Influencer, Role Model und Motivator: Wie bereits vorher erwähnt, können Multipassionates und Scanner-Persönlichkeiten als Vorbilder im Unternehmen dienen. Heute nennt man das Influencer. Scanner, Neo-Generalisten und Multipassionates sind in der Regel exzellente Netzwerker. Auch dies ist eine notwendige Eigenschaft in der agilen Arbeitswelt. In Zeiten der Globalisierung wird die Fähigkeit, erfolgreich Beziehungsmanagement (z. B. über Ländergrenzen hinaus) zu betreiben, ebenfalls wichtiger.

Scanner können mithilfe ihrer Fähigkeiten den Wandel positiv unterstützen und begleiten. Sie sind die perfekten agilen Role Models. So können sie durch sogenannte Sparks (zu Deutsch: Funken) initiiert werden, um den Wandel zu entfachen oder voranzutreiben. Denn Agilität per Dekret funktioniert nicht. Nur durch Vorleben kann sie erfolgreich eingeführt werden. Aufgrund ihrer Begeisterungsfähigkeit und ihrer Offenheit für Neues sind Scanner die idealen Motivatoren für Veränderungen. Sie sehen die Chancen und nicht die Probleme.

Auch künftige Führungsstile orientieren sich mehr an der Rolle als „Influencer" und Servant Leader. Autorität und Führung basiert nicht auf Macht und Status, sondern man überzeugt als Person durch Menschlichkeit und Integrität. Um komplexe Probleme zu lösen, benötigen wir verschiedenste Ansätze und viele Informationen. Den dafür nötigen Diskurs ermöglichen wir nur in einem offenen, wohlwollenden Umfeld, in dem Vertrauen existiert, das durch „Menschlichkeit" erzeugt wird und nicht durch Macht und Autorität.

12

Wanted: „Agile People" für den Wandel

Um den Wandel erfolgreich zu gestalten, brauchen wir somit keine Bequemlichkeits-, Sicherheits-, Besitztumsbewahrer und LenkerInnen, sondern anpassungsfreudige, innovative, kreative, mutige Geister.

12.1 Tanker vs. Speedboot

Was wir somit künftig brauchen, sind mehr SpeedbootfahrerInnen und weniger TankerlenkerInnen.

> Keine Chance für Bequemlichkeitsdenker und Killerphrasen wie „Dafür haben wir jetzt keine Zeit!"

- Das Ziel von agilen Methoden und agilem Arbeiten ist es, schnellere sowie effektivere Ergebnisse zu erzielen, um bei Bedarf frühzeitig gegensteuern zu können.

© Der/die Autor(en), exklusiv lizenziert durch Springer Fachmedien Wiesbaden GmbH, ein Teil von Springer Nature 2021
S. Kern, *Future Skill Vielseitigkeit,* Fit for Future,
https://doi.org/10.1007/978-3-658-35519-7_12

- Agile Projekte leben vom agilen Mindset und einer gemeinsamen Vision – das Projektteam benötigt AGILE Personen. Die richtige Teamzusammensetzung und die notwendigen Kompetenzen sind entscheidend für den Erfolg.

- Scrum, Kanban und Co. machen aber noch kein Team agil und fit, die Teammitglieder müssen über die entsprechenden Kompetenzen verfügen. Das heißt, das Unternehmen muss vor dem Start der agilen und digitalen Transformation den internen „Reifegrad" bestimmen und Kompetenzen bewusst aufbauen.

- Agile Personen sind SpeedbootlenkerInnen und keine TankerlenkerInnen: flexibel, wendig, sich den Situationen anpassen zu können und auch Gas zu geben – das Zeitfenster eines Sprints ist nun mal nicht mit diversen Schleifen versehen.

- Ebenfalls haben agile Teams keine Scheu, ihre Komfortzone zu verlassen und nehmen die ein oder andere Extrameile auf sich. Das bedeutet, es ist eine Lernbereitschaft vorhanden, sich selbst immer wieder weiterzuentwickeln.

- Killerphrasen wie „Dafür haben wir jetzt keine Zeit": BequemlichkeitsdenkerInnen sind TankerlenkerInnen und bevorzugen das ruhigere Gewässer und nicht den Wellengang eines agilen Projektes. Dies zu erkennen, bringt für alle Beteiligten Zufriedenheit! Kurz gesagt „Agile – one size does not fit all!"

- Damit dem/n SpeedbootlenkerInnen die Puste nicht ausgeht, ist in agilen Projekten u. a. mentale Fitness essenziell und kann mit Resilienztrainings gestärkt werden. Somit gehört zu einem guten agilen Team-Set-up bewusste Auszeiten einzuplanen, um wieder fit für die nächste Speed-Sprint-Route zu sein!

- Also finden Sie in Ihrem Unternehmen Ihre Speedbootfahrer:innen und bauen Sie mit diesen Neu-Anders-Quer-Vernetzt-Denkern, Scannern, Multipassionates und Co. Ihr PS-Team auf und feiern Sie Ihre Umsetzungserfolge!

13

Rahmenbedingungen, Herausforderungen und Stolpersteine

Nicht nur die agile Organisation benötigt ein entsprechendes Spielfeld, sondern auch die Scanner, Vielbegabten und Co. Schaffen Sie im Unternehmen also die passenden Rahmenbedingungen und ein geeignetes Umfeld für erfolgreiche Scanner-Persönlichkeiten.

13.1 Rahmenbedingungen und Umgebung

Wenn Scanner und Co. über diese und nachfolgende Bedingungen verfügen, können sie Höchstleistungen vollbringen. Starre Regeln bewirken eher das Gegenteil. Eine große Unzufriedenheit führt dann bei Vielbegabten früher oder später zum Wechsel des Arbeitsplatzes. Damit Scanner, Andersdenker, Neudenker, Neo-Generalisten und Multipassionates gedeihen können, braucht es eine Umgebung, die folgende Rahmenbedingungen bietet:

das ideale Umfeld für Scanner – in Unternehmen, Organisationen und Umwelt:

- Veränderung wird zugelassen und aktiv unterstützt.
- Es ist möglich, Neues auszuprobieren.
- Es ist erlaubt, Dinge (z. B. Prozesse, Status quo) zu hinterfragen und in Frage zu stellen.
- Es herrscht eine gute Fehlerkultur.
- Es ist Mut (seitens Führungsriege) vorhanden, vielbegabten Scannern neue Themen zu geben und auf deren schnelle Auffassungsgabe vertrauen.
- Die Freude an der Arbeit wird positiv bewertet und es wird nicht vermutet, wer Spaß hat, arbeite nicht.
- Es gibt genügend Freiraum für Kreativität.
- Es herrscht Abwechslung (hinsichtlich der Aufgaben und Herausforderungen).
- Es ist gewünscht und erlaubt, Verantwortung zu übernehmen.
- Es gibt flache Hierarchien und keine klassisch geprägten Pyramidenmodelle.
- Aktive und kontinuierliche Selbstreflexion wird von allen (im Team/Unternehmen) gelebt.
- Es gelten keine starren Rahmenbedingungen und Prozesse hinsichtlich der Arbeit: Nicht die Anzahl der Stunden ist relevant, sondern das Ergebnis.
- Das Unternehmen setzt auf sinnvolles Arbeiten, d. h. es handelt sich um ein Unternehmen, das einen Purpose hat und für bestimmte Werte steht.
- Ego ist nicht wichtig: Machtspiele und Co. haben keine Chance und es gibt auf allen Ebenen ein Agieren auf Augenhöhe. Es zählen Menschlichkeit und ein wertschätzender Umgang miteinander.

13.2 Projekte – ein hervorragendes Spielfeld

Vorübergehende Projektarbeiten eignen sich gut für Scanner-Persönlichkeiten. Es wird der Hunger danach gestillt, sich immer wieder auf neue Menschen, Themen und Problemstellungen einstellen zu dürfen. Scanner arbeiten dabei jedoch hocheffizient. Interimsmanagement-positionen sind ebenso bestens geeignet, zum Beispiel, um innerhalb kürzester Zeit das „Schiff" wieder auf Kurs zu bringen. Auch Beiratsfunktionen eignen sich hervor-ragend, Impulse von außen zu setzen, den kleinen oder manchmal größeren Wink mit dem Zaunpfahl zu geben – das macht den Tanker zum Speedboot.

14

Erfolgreiches Scanner-Leben

Tool-Box für ein erfolgreiches Scanner-Leben:

- Vielbegabung annehmen und sich dem Anpassungsdruck entziehen. Unerkannte Vielbegabung und Anpassungsdruck führen zu Unzufriedenheit und Selbstzweifeln.
- Abgrenzung lernen, da Scanner vieles wahrnehmen: ungute Stimmungen, inkompetente Vorgesetzte oder Kollegen, fragwürdige Geschäftspraktiken etc.
- Missstände, Streitigkeiten oder Ähnliches werden oft mit nach Hause genommen und Scanner arbeiten sich mitunter daran auf. Auch das macht sie bei der Suche nach einem Job wählerisch.
- Wie ein „Servant Leader" handeln. Und wenn das eigene Handeln die persönlichen Werte verletzt, ist es Zeit, sich ein neues Umfeld zu suchen.
- Positionen/Berufe sind geeignet, die viel Gestaltungsspielraum zulassen, wie z. B. Trainer, Coach, Berater,

S. Kern, *Future Skill Vielseitigkeit,* Fit for Future, https://doi.org/10.1007/978-3-658-35519-7_14

Lehrer, Projektmanager, Troubleshooter oder das Unternehmertum.

- Eine eigene Story, einen roten Faden finden – Personal Branding für Scanner.
- Die eigene Balance finden. Den „richtigen" Platz finden – wo die eigenen Werte gelebt werden können.
- Mitunter kann eine Selbstständigkeit die bessere Option sein. Möglich ist auch die Tätigkeit als Sidepreneur, um die vielen Interessen abzudecken oder sich seinen eigenen „Job" designen.

15

Berühmte Scanner-Persönlichkeiten

In der Wirtschaftswelt gibt es einige erfolgreiche Vielbegabte: Der mega-erfolgreiche Scanner Steve Jobs zum Beispiel kombinierte auf fantastische Weise Computer, Mobiltelefone, Musikbusiness, Design und vieles mehr. Er wies ebenfalls vielfältigste Interessen auf – von der Elektrotechnik über das Produktdesign, ebenso seine Fähigkeiten für „Computer und Taschenrechner". So gelangte er zu seinem Business-Imperium.

Eine seiner zündenden Ideen war ein Patent für eine Design-Treppe aus Glas. Schauen Sie doch mal bei dem Apple-Store in Londons Regent Street vorbei: Wer den Store besucht, kann auf dieser sechs Meter hohen Treppe in den ersten Stock des Stores wandern.

Oder wie wäre es mit einem weiteren Scanner, der Musik, Mobilfunk, Flug und Space und noch vieles mehr miteinander exzellent verbindet: Richard Branson. Zu seiner Virgin-Gruppe gehören – wie schon angedeutet – unzählige Unternehmen und Branchen. Die aktuellste

S. Kern, *Future Skill Vielseitigkeit,* Fit for Future, https://doi.org/10.1007/978-3-658-35519-7_15

seiner Unternehmungen ist im Bereich der kommerziellen Raumfahrt angesiedelt: Virgin Galactic (https://www. virgingalactic.com/).

Erfolgreiche Vielseitige schaffen es ganz einfach, verschiedene Fachgebiete und Themen zu etwas völlig Neuem zu verknüpfen, das es so noch nie gab. Auf diese Art und Weise entstehen unter anderem auch neue Berufsfelder wie der Social Media Manager, ungeahnte Innovationen und vieles mehr.

16

Fazit

Der künftige Future Skill ist Vielseitigkeit! Die Scanner-Persönlichkeiten, Multihelden, Multipassionates und Neo-Generalisten erscheinen unter diesem Gesichtspunkt in besonders positivem Licht – dank ihrer ausgeprägten Vielseitigkeit. Ohne diese wird die komplexe, agile, unsichere VUCA-Welt nicht erfolgreich zu meistern sein.

Wer nun sich selbst und sein Unternehmen fit für die Zukunft machen möchte, setzt am besten auf diese Scanner-Persönlichkeiten | Future-Skill-Held:innen © und deren Fähigkeiten. Gewinnen Sie diese als Role Models, die den Rest des Teams motivieren und zu Veränderung bewegen. Bauen Sie so Ihr Erfolgsteam für die Zukunft auf.

Change war gestern: Heute ist Transformation ©. Und dafür benötigen Sie die entsprechenden Persönlichkeiten im Team. Schaffen Sie in Ihrer Organisation den Raum, welchen Vielseitigkeit und Vielbegabung braucht, und Sie werden mit Innovation belohnt!

© Der/die Autor(en), exklusiv lizenziert durch Springer Fachmedien Wiesbaden GmbH, ein Teil von Springer Nature 2021
S. Kern, *Future Skill Vielseitigkeit,* Fit for Future,
https://doi.org/10.1007/978-3-658-35519-7_16

Literatur

Abgefahren.de (2017) Personal Computer und Media Player: Acht Patente von Steve Jobs, die die Welt veränderten. https://www.appgefahren.de/personal-computer-und-media-player-acht-patente-von-steve-jobs-die-die-welt-veraenderten-194644.html

Bergmann F (2017) Neue Arbeit, Neue Kultur, Arbor- New Edition

Bughin J, Catlin T, Hirt M, Willmott P (2018) Why digital strategies fail. https://www.mckinsey.com/business-functions/mckinsey-digital/our-insights/why-digital-strategies-fail

Dweck C, Neubauer J (2017) Selbstbild: Wie unser Denken Erfolge oder Niederlagen bewirkt, 4. Aufl. Piper Taschenbuch

Epstein DJ (2020) Es lebe der Generalist. Redline

Eriksson M (2016) Building happy product teams like heist teams by Laura Klein. https://www.mindtheproduct.com/building-happy-product-teams-like-heist-teams-laura-klein/

© Der/die Herausgeber bzw. der/die Autor(en), exklusiv lizenziert durch Springer Fachmedien Wiesbaden GmbH, ein Teil von Springer Nature 2021
S. Kern, *Future Skill Vielseitigkeit*, Fit for Future,
https://doi.org/10.1007/978-3-658-35519-7

Hormig A (2019) Spezialisten oder T-Shaped Professionals – Was ist das Erfolgsmodell für Rechtsanwälte und Steuerberater. https://www.compleneo.de/spezialisten-oder-t-shaped-professionals-was-ist-das-erfolgsmodell-fuer-rechtsanwaelte-und-steuerberater/

Karriere.at, Redaktion (2018) Scanner-Persönlichkeit: Von der Qual, sich entscheiden zu müssen. https://www.karriere.at/blog/scanner-persoenlichkeit.html

Kif L, Business Insider (2019) Mit dieser Bewerbung wollte Steve Jobs mit 18 Jahren einen Job bekommen. https://www.businessinsider.de/panorama/steve-jobs-bewerbung-18-jahre-apple-2018-3/

Laloux F (2015) Reinventing organizations. Vahlen

Mai J (2020) Pareto Prinzip. https://karrierebibel.de/pareto-prinzip/

Mai J (2020) Scanner-Persönlichkeiten: Vom Fluch, vielbegabt zu sein. https://karrierebibel.de/scanner-persoenlichkeiten/

Manager Magazin (2020) John Kotter Vordenker. https://www.manager-magazin.de/harvard/strategie/john-kotter-vordenker-des-change-managements-a-00000000-0002-0001-0000-000078994632

Sher B (2012) Du musst dich nicht entscheiden, wenn du 1000 Träume hast. dtv Verlagsgesellschaft

Tervo V (2015) From T to Pi: design skill expectations in change Futurice. https://futurice.com/blog/from-t-to-pi-design-skill-expectations-in-change

Tscheuschner M, Wagner H (2008) TMS – Der Weg zum Hochleistungsteam, Gabal, 2. Aufl.

VUCA Welt – Wirtschaftslexikon Gabler. https://wirtschaftslexikon.gabler.de/definition/vuca-119684

Vogler J (2020) Psychologie-Magazin. https://www.psymag.de/14217/tausendsassa-vielbegabung-scanner-persoenlichkeit/

Printed in the United States
by Baker & Taylor Publisher Services